À LA DÉCOUVERTE DE MON CORPS

présentation de
JANETTE BERTRAND

À LA DÉCOUVERTE
DE MON CORPS
Guide pour les adolescentes
et leurs parents

LYNDA MADARAS

**QUÉBEC
AGENDA**
1250, 2ᵉ Rue, Parc industriel
C.P. 3500, Sainte-Marie-de-Beauce
G6E 3B2

Dépôt légal, 3e trimestre 1987.
Bibliothèque nationale du Québec.
Bibliothèque nationale du Canada.

ISBN 2-8929-4061-3

PRÉFACE

Enfin un bon livre sur la puberté des filles. Ce n'est pas trop tôt. En effet, il semble que ce moment crucial de la vie des filles ait été oublié par les sexologues. De mon temps, bien sûr, on ne pouvait pas lire sur la puberté, on n'en parlait même pas. Du temps de mes filles... peu de renseignements... si peu. Et aujourd'hui? À ma grande surprise, presque rien sauf quelques petits livres sur la sexualité des adolescentes, traitant surtout des menstruations, mais toujours rien concernant le passage de la fille à la femme.

Cela m'étonne parce que je suis persuadée de l'importance, pour toute jeune fille, de bien comprendre les transformations de son corps au moment de la puberté. Je suis convaincue qu'il lui est essentiel d'être bien renseignée sur elle-même afin de bien se connaître et surtout, s'aimer. Car les adolescentes ne s'aiment pas, c'est bien connu.

Quand j'ai découvert ce livre, écrit par une sexologue pour sa fille, j'ai regretté ne pas l'avoir lu avec mes filles dans le temps. J'ai donc pensé l'offrir à toutes les adolescentes d'aujourd'hui.

J'ai été emballée par le ton intime et la clarté du texte. Sincèrement, j'aurais aimé l'avoir écrit.

Je le recommande donc pas seulement aux adolescentes, mais à leurs mères et à leurs pères aussi. Il est, à mon avis, un livre important, essentiel même.

Janette Bertrand

Table des matières

Liste des illustrations

Introduction

Pourquoi j'ai écrit ce livre pour ma fille et vous

C'était une journée torride d'été et l'air était chargé de l'odeur des fleurs sauvages. Ma fille de huit ans et moi marchions lentement le long du ruisseau qui coule près de notre maison. C'était l'une de ces heures magiques comme il s'en produit parfois entre une mère et sa fille. Les centaines de couches changées, les ennuis causés par les soins à donner, les efforts pour conjuguer la maternité et la carrière, le nettoyage des chambres, toutes les rancunes, les conflits et les querelles, tout cela était oublié. Il ne restait plus que nous deux, en étroite relation.

Nous nous sommes arrêtées pour prendre un bain

de soleil sur un rocher et ma fille me confia timidement qu'il lui poussait de nouveaux poils.

« Juste ici. » Et elle me montra son pubis.

J'étais fière de la voir courir sur la grève comme une pouliche, élégante, longiforme et séduisante. J'étais émerveillée par son aisance et par son assurance. Son passage à l'âge adulte se faisait beaucoup plus harmonieusement que ma propre progression hésitante, et parfois douloureuse, à travers la puberté.

J'étais également fière de la relation qui existait entre nous, du fait qu'elle se sente à l'aise pour me faire des confidences. Même dans mes fantaisies les plus folles, je n'aurais pas songé dire à ma mère que j'avais découvert des poils pubiens sur mon corps. C'était un sujet que nous ne pouvions tout simplement pas aborder. J'étais heureuse que les choses se passent différemment entre ma fille et moi.

Ce jour-là, nous n'avons pas beaucoup parlé de sa découverte. Nous n'avons même plus abordé le sujet pendant des semaines et des mois, mais notre relation restait toujours très étroite.

« Prends-le pendant que ça passe, me disaient des amies ayant des filles plus âgées, parce qu'à la puberté, c'est fini ! C'est alors qu'elles se prennent pour d'autres. On ne peut même plus leur parler. » J'écoutais en silence. Je connaissais le tableau : d'une part, l'adolescente boudeuse et renfrognée et d'autre part son hargneuse mégère de mère qui n'arrivent pas à communiquer. Entre ma fille et moi, ce serait différent.

Ma fille devait avoir neuf ou dix ans lorsqu'elle fit pour la première fois l'expérience de la méchanceté des intrigues de cour d'école et des jeux cruels auxquels se livrent les jeunes filles. Elle revenait régulièrement de l'école en larmes : sa meilleure amie était devenue l'alliée d'une autre, elle n'était pas invitée à une fête ou elle était la victime d'une autre écolière calculatrice et cruelle. Elle pleurait à chaudes larmes et je ne savais trop quoi dire.

Je tentais bien de la consoler en disant : « Si c'est comme ça, joue avec d'autres filles. »

Mais elle pleurait toujours. D'hebdomadaires, ses crises de larmes devinrent bihebdomadaires. Cela dura pendant des mois. Puis, j'ai constaté que, sitôt ses larmes essuyées, elle téléphonait à une amie pour dire du mal d'une autre et pour comploter en vue de l'exclure. J'étais indignée et je soulignai à ma fille qu'elle se conduisait de manière illogique.

« Tu ne comprends rien ! », cria-t-elle en courant vers sa chambre et en claquant la porte.

Elle avait raison ; je ne comprenais pas. Parfois, je causais avec d'autres mères. Nous vivions toutes des expériences semblables. Pourquoi nos filles se comportaient-elles ainsi ? Personne n'avait la réponse.

« Les filles sont des filles, soupira une mère avec philosophie. Elles agissent toutes ainsi et nous faisions la même chose à leur âge. »

Je creusai ma mémoire à la recherche de souvenirs. Étions-nous donc aussi cruelles ? Puis, je me souvins des *Poudrées*, un club auquel quelques amies et moi appartenions. Contrairement au Guides ou aux autres clubs sanctionnés par des adultes, les *Poudrées* n'avaient pas de réunions formelles ni d'objectif officiel, ce qui ne veut pas dire que le club n'avait aucun but. Il en avait un. Des cartes officielles, imprimées par le père de l'une d'entre nous et glissées dans des porte-cartes en véritable imitation de cuir, certifiaient que nous étions membres de ce club très sélect. Comme si cela ne suffisait pas, nous nous déplacions en groupe, nous dînions ensemble dans notre territoire de la cour d'école, nous nous asseyions ensemble en caquetant dans l'amphithéâtre, nous écrivions nos noms sur la toile de nos chaussures de tennis, nous nous coiffions et nous nous vêtions de la même façon et, de manière générale, nous menions la vie dure à toutes celles qui n'étaient pas membres de notre club.

Aujourd'hui, une vingtaine d'années plus tard, je ne me souviens que vaguement des noms et des visages des autres *Poudrées*. Je me souviens par contre d'une autre fille si bien que je pourrais compter les taches de rousseur sur son visage. Elle s'appelait Pam et voulait désespérément faire partie de notre club ; si désespérément qu'elle laissait dans mon pupitre des messages du genre du suivant :

Chère Lynda,

S'il vous plaît, s'il vous plaît, s'il vous plaît, laisse-moi devenir membre des Poudrées. *Si tu acceptes, toutes les autres filles accepteront aussi. S'il vous plaît !!! S'il vous plaît !!! S'il vous plaît !!!*

Pam

Ces messages m'embarrassaient beaucoup et, bien entendu, le simple fait de les avoir écrits confirmait définitivement Pam dans son statut d'exclue. J'ai complètement oublié de quelle manière Pam s'en est tirée par la suite. Je sais qu'elle n'est jamais devenue membre des *Poudrées* et je suis convaincue que nous lui avons rendu la vie impossible au moyen de toutes les tactiques utilisées par les adolescentes. (Je me demande si cela aurait pu consoler Pam de savoir qu'un an plus tard on m'a rendu la monnaie de ma pièce. Mes parents avaient déménagé et mon statut de « nouvelle » faisait de moi le souffre-douleur des groupes de filles de l'école.)

Ce qui est vraiment horrifiant, c'est que je n'étais pas plus cruelle que la plupart des adolescentes. D'autres femmes m'ont raconté des histoires semblables au sujet de leur adolescence. Il semble bien que la charité humaine ne soit pas le point fort des filles en puberté.

Nous nous souvenons toutes de cette époque de notre vie. Chacune avait son inséparable meilleure amie, à qui elle confiait ses plus grands secrets et à qui elle jurait fidélité. Il y avait aussi la bande et les autres filles de l'école. Chacune y jouait son rôle de meneuse, de suiveuse ou de victime. Bien que leur distribution ait pu varier de temps à autre, les rôles restaient toujours les mêmes.

Les jeux auxquels on se livrait étaient tous les mêmes et n'étaient pas très jolis. Ils étaient tous basés sur l'exclusion. Que ce soit parce qu'elle était la plus brillante, la plus jolie, la plus laide, la plus sotte ou la plus développée sexuellement, une fille était désignée comme victime. Elle était alors automatiquement exclue du groupe.

Ce qui était encore plus important, et qui a constitué le thème central de ma propre adolescence, c'était la trahison de la meilleure amie. Dans un tel cas, l'ancienne amie inséparable devenait soudain inaccessible et n'avait plus la disponibilité voulue pour participer à des activités. Tout son temps était consacré à sa nouvelle meilleure amie. Je me sentais abandonnée, écrasée et complètement anéantie. Je versais toutes les larmes de mon corps.

Les jeunes garçons ne dépensent pas leurs énergies dans de tels psychodrames mélodramatiques. Ils forment des bandes ou des équipes, ils ont un meilleur ami, ils pratiquent aussi l'exclusion — surtout à l'endroit des plus timorés ou des moins sportifs —, mais ils n'y mettent pas la même intensité que les jeunes filles de leur âge.

Je me suis dit que la mère qui soupirait que « les filles sont des filles » avait peut-être raison. Nos filles jouent les mêmes jeux que nous et suivent les mêmes règles. Sans doute, est-ce inévitable. Peut-être est-ce là l'instinct de la bête qui se cache en nous ? Je n'aimais pas beaucoup cette idée, mais elle s'imposait à moi.

Comme pour empirer les choses, la tension montait entre ma fille et moi. Elle était de très mauvaise humeur et semblait toujours furieuse contre moi. Pour ma part, j'étais souvent furieuse contre elle. Nous nous querellions presque constamment. L'intensité sonore de nos échanges montait de quelques décibels à chaque fois. Nous étions continuellement à couteaux tirés.

Tout cela m'ennuyait beaucoup, mais ce qui m'inquiétait le plus, c'était le changement d'attitude de ma fille devant les transformations que subissait son corps. Contrairement à la timide fierté qu'elle avait manifestée à l'endroit de ses premiers poils pubiens, elle envisageait avec horreur la perspective de voir sa poitrine se développer et de connaître une première menstruation. Comme la plupart des mères « modernes », j'avais souhaité que ma fille passe de l'enfance à l'âge adulte dans la sérénité et dans la joie. J'avais cru qu'en lui donnant toute l'information voulue de manière franche et directe il n'y aurait aucun problème.

Mais voilà que ma fille refusait de voir sa poitrine se développer et d'être menstruée. Je lui ai demandé pourquoi, mais sa réponse s'est limitée à un cinglant « parce que ! ». Je répliquai en disant « que c'était merveilleux de devenir adulte », mais mes paroles sonnaient vide même à mes propres oreilles.

Quelque chose allait de travers. Je croyais avoir transmis à ma fille toute l'information requise d'une façon moderne, mais les résultats escomptés — une attitude positive face à son propre corps — n'étaient pas au rendez-vous.

J'y ai réfléchi longuement avant d'arriver à la conclusion que je n'avais pas donné à ma fille tous les renseignements que j'avais à ma disposition. Elle connaissait très bien l'ovule et le sperme, la grossesse et la naissance, les détails physiques de l'acte sexuel ainsi que ses aspects émotionnels, mais elle ignorait tout ou presque tout des menstruations et des transformations physiques de la puberté. Elle m'avait déjà vue changer de tampon hygiénique et j'en avais profité pour lui glisser quelques mots sur les menstruations, mais nous n'avions jamais abordé le sujet en profondeur. Je lui avais lu plusieurs excellents livres pour enfants expliquant la conception, la naissance et la sexualité, mais aucun ne traitait des menstruations. Le moment était clairement venu de combler cette lacune.

Pleine de bonnes intentions, je courus à la bibliothèque pour découvrir qu'un tel livre n'existait pas. Il y avait bien un ou deux livres destinés aux jeunes filles qui traitaient rapidement du sujet, mais ils étaient dépassés et leur approche ne convenait pas. Certains traitaient même des menstruations comme d'une maladie.

Si je voulais renseigner ma fille sur les menstruations et sur les autres transformations de la puberté, je devais donc ne compter que sur mes propres ressources. Au même moment, je venais de signer un contrat pour écrire un livre sur les soins de santé destinés aux femmes et cela allait m'obliger à faire des recherches sur les menstruations. Pour une fois, ma carrière d'auteure et mon rôle de mère n'étaient pas en conflit.

Au fil de mes recherches, je compris pourquoi il n'existait aucun livre sur les menstruations destiné aux jeunes filles. À travers les siècles et dans toutes les civilisations, les menstruations ont toujours été un sujet tabou. Le tabou pouvait s'exprimer de différentes façons : il ne faut pas manger de mets préparés par une femme menstruée, il ne faut pas toucher les objets qu'elle a touchés, il ne faut pas la regarder dans les yeux, il ne faut pas lui faire l'amour, etc. Nous ne croyons plus que le regard d'une femme menstruée fera se dessécher une moisson, que sa main risque d'empoisonner l'eau du puits ou que son vagin fera tomber le pénis de l'homme qui ose lui faire l'amour. Néanmoins, le tabou des menstruations est toujours bien vivant.

Même aujourd'hui, alors que l'inceste et les pratiques sado-masochistes font la une des magazines et l'objet de nombreuses conversations, le processus naturel des menstruations reste un sujet qu'il vaut mieux ne pas aborder. Comme le souligne Paula Weidigger dans son livre *Menstruation et Ménopause*, lorsque le sujet des menstruations fut finalement abordé à l'émission *All in the Family*, la chaîne de télévision reçut un plus grand nombre de lettres de protestation que jamais auparavant. Pourtant, cette émission avait déjà traité de sujets aussi controversés que la sexualité avant le mariage, la discrimination raciale, l'impuissance et l'homosexualité.

Bien sûr, nous ne sommes plus mises à l'écart dans des huttes menstruelles comme les femmes des sociétés primitives. Cependant, comme l'affirme Nancy Friday dans *Ma mère, mon miroir*, l'attitude actuelle face aux menstruations n'est guère plus civilisée. Selon elle, des siècles de conditionnement ont eu pour effet que les femmes intègrent le tabou si bien que les huttes menstruelles n'ont plus leur raison d'être. Notre tribu moderne n'a plus besoin de ces huttes pour tenir les menstruations à l'écart de la conscience collective. Les femmes le font elles-mêmes en évitant d'en parler publiquement et en enroulant dans du papier hygiénique les serviettes ou les tampons souillés.

En réalité, les menstruations nous embarrassent tellement que nous ne les désignons même pas par leur nom, préférant parler de «règles» ou de «périodes». Un journaliste mâle cité par Mme Friday pose le problème dans une perspective très révélatrice.

> Si les hommes étaient menstrués, ils trouveraient sûrement le moyen de s'en vanter. Ils considéreraient sans doute le phénomène comme une éjaculation spontanée, comme un surplus d'énergie. Leur coupe déborderait, leur sexualité ferait des étincelles. Ils verraient cela comme un gaspillage de sang qui constitue une preuve d'abondance.

25

Après tout, le sang est généralement considéré comme bon. Les sports sanglants sont pratiqués par les plus virils. Quand un garçon revient de sa première chasse, on dit qu'il a passé l'épreuve du sang. Mais, quand c'est la femme qui saigne, les symboles n'ont plus la même valeur. Le saignement est alors considéré comme un signe d'infirmité, d'infériorité, de souillure et d'illogisme.

Il est bien vrai que l'on entend rarement les femmes se glorifier de leurs menstruations.

Notre coupe à nous ne déborde pas. Notre puberté n'est pas marquée par des rites magiques et solennels. Dans toutes les civilisations et les cultures qui ont fleuri sur cette planète, on ne retrouve aucun exemple d'une mère célébrant avec sa fille par une nuit de pleine lune les germes de vie qu'elles portent dans leur ventre gorgé de sang. La puberté des filles n'a jamais fait l'objet de rites joyeux. Bien au contraire, la puberté et la première menstruation sont caractérisées par des conflits entre la mère et sa fille, tandis que le phénomène est passé sous silence.

Notre silence est si complet que l'on ne s'en rend parfois même pas compte.

«Oh oui!, dit la mère, j'ai tout expliqué à ma fille.»

«Ma mère ne m'a jamais rien dit», affirme la fille.

Même si nous sommes conscientes de ce silence et même si nous décidons de le briser, les tabous et les attitudes dictées par la société continueront à faire des ravages. En désirant que nos filles aient une attitude positive face aux fonctions naturelles de leur corps, nous prendrons notre courage à deux mains et nous répéterons mentalement notre tirade. Tentant d'améliorer le message transmis par nos propres mères, nous affirmerons fortement : « Les menstruations sont un aspect merveilleux de la féminité, un pouvoir unique dont il faut être fières. »

En même temps, alors qu'il ne nous viendrait pas à l'esprit de cacher notre brosse à dents sous l'évier ou dans le coin d'un placard, nous éviterons de laisser une boîte de serviettes hygiéniques bien à la vue à côté des désodorisants, dentifrices et autres produits qui se trouvent sur les étagères de la salle de bains. En agissant ainsi, nous contredisons nos belles paroles et nous transmettons à nos filles un double message. Nous affirmons que c'est merveilleux, mais nos gestes démontrent le contraire. Et, nous le savons bien, les gestes ont beaucoup plus de poids que les paroles.

La triste vérité, c'est que nous n'avons pour la plupart que très peu d'images positives à offrir à nos filles. En réalité, la majorité d'entre nous ignorons presque tout des fonctions de notre organisme et du cycle menstruel.

« J'hésite à vous dire quel âge j'avais lorsque j'ai appris que les tampons que j'utilisais depuis des années n'allaient pas dans le même orifice que celui par lequel on urine », écrit Nancy Friday.

Comme le rapporte un professionnel de la santé cité par Mme Friday, « 75 pour cent des Américaines — et je suis modeste — ne peuvent pas expliquer les menstruations à un enfant de sixième année ; elles n'ont pas la moindre idée de ce qui se passe dans leur propre corps. »

Grâce aux recherches que j'effectuais, j'apprenais beaucoup de choses sur le processus physiologique des menstruations. Je pouvais à tout le moins en donner une explication cohérente à un enfant de sixième année. J'apprenais également que j'entretenais plusieurs attitudes négatives sur le sujet — des attitudes dont je n'étais même pas consciente. Mes attitudes commençaient à changer, mais comment savoir ce qui pouvait encore se cacher dans les profondeurs de mon inconscient ? Si j'expliquais les menstruations à ma fille, je pourrais utiliser les bons mots, mais jusqu'à quel point mes gestes et le ton de ma voix viendraient-ils contredire mon message ?

Je me suis longuement interrogée à ce sujet jusqu'à ce que la solution apparaisse enfin, évidente comme l'œuf de Colomb. J'expliquai simplement à ma fille que j'avais été éduquée dans un contexte où les menstruations étaient considérées comme un sujet sale et tabou. À présent que j'avais acquis plus de maturité, mes attitudes commençaient à changer. Néanmoins, plusieurs sentiments étaient si bien enracinés que j'avais du mal à m'en débarrasser et qu'ils surgissaient parfois sans que je m'en rende compte. Ma fille comprit très bien ce que je voulais lui dire et, à partir de ce moment, nous pûmes apprendre ensemble comment fonctionnaient nos corps.

Nous ne nous sommes pas assises pour avoir « la conversation ». Je me souviens que ma mère m'avait fait asseoir pour « la conversation ». Elle m'avait sans doute fourni des explications complètes, mais tout ce dont je me souviens, c'est qu'elle était terriblement nerveuse, qu'elle parlait de bébés et de sang et que le jour où cela m'arriverait je trouverais des serviettes en papier dans le titoir du bas de sa commode. Je m'étais bien demandé pourquoi elle gardait des serviettes en papier dans sa commode plutôt que dans le placard de la cuisine, mais j'avais jugé le moment mal choisi pour poser des questions.

Une telle conversation, officielle et guindée, ne donne pas grand-chose. La puberté est un sujet complexe qu'on ne peut vider en une seule conversation. J'ai donc décidé de garder le sujet présent à l'esprit et de le mettre sur le tapis de temps à autre. Cette technique s'est révélée très naturelle, d'autant plus que je faisais des recherches sur le corps de la femme. Dans un manuel de médecine que je consultais, j'ai découvert un chapitre sur la puberté qui expliquait, photos à l'appui, les cinq étapes de la croissance des poils du pubis et du développement des seins. J'ai lu ce chapitre à ma fille en le traduisant en langage clair, pour qu'elle sache quand et comment ces transformations se produiraient chez elle.

Je lui parlai également de ce que j'apprenais sur le fonctionnement du cycle menstruel. Je lui montrai de superbes photos prises à l'intérieur du corps d'une femme au moment de l'ovulation alors que les franges des trompes de Fallope s'étirent pour agripper l'ovule.

La mère d'une amie de ma fille nous prêta une magnifique collection de brochures publiées par un fabricant de serviettes hygiéniques une trentaine d'années plus tôt. Nous avons lu ces brochures ensemble, en riant franchement des attitudes dépassées qu'elles véhiculaient et qui avaient présidé à ma propre éducation sexuelle.

Au cours de nos lectures, nous avons appris que la plupart des jeunes filles connaissent un léger écoulement vaginal un an ou deux avant leur première menstruation. J'avais dit à ma fille que je lui donnerais la bague que je portais à la main gauche lorsqu'elle aurait sa première menstruation et qu'elle pourrait à son tour la donner à sa fille pour la même occasion. Lorsque ma fille découvrit qu'elle avait eu un écoulement vaginal, nous fûmes toutes deux si excitées que je lui donnai la bague tout de suite. Je lui en donnerais une autre assortie le jour de sa première menstruation.

Quelques heures plus tard, alors que j'étais assise devant ma machine à écrire, j'entendis ma fille me crier : « Maman ! Devine j'ai vingt et un quoi ? »

Notre chatte était enceinte et, pendant quelques secondes horrifiantes, j'ai cru que nous avions 21 chatons. Mais ce n'était pas le cas. Ma fille avait recommencé à compter ses poils pubiens.

Les heures que nous avons consacrées à mieux comprendre la puberté et les menstruations ont été profitables. Ma fille a retrouvé son émerveillement devant les transformations qui se produisaient en elle. Ne serait-ce que pour cette attitude saine face à son corps, nos échanges auraient valu la peine. Mais il y avait aussi autre chose. D'abord et avant tout, nos relations se sont grandement améliorées. Nous étions à nouveau à l'aise l'une avec l'autre. Elle ne se mit pas soudainement à faire sa chambre ou d'autres choses du genre. Nous avions encore nos querelles, mais l'atmosphère était vivable. Quand nous nous querellions, au moins c'était vraiment pour le sujet réel de la querelle. Les rancœurs et les tensions sous-jacentes qui envenimaient les moindres différents avaient bel et bien disparu.

Mais le changement le plus étonnant — sans doute parce qu'il était imprévu —, c'est que ma fille se mit à changer de rôle dans les jeux des bandes d'adolescentes. Dans *Ma mère, mon miroir*, Nancy

Friday affirme que l'impuissance de la mère à faire face à la sexualité naissante de sa fille, son silence sur les menstruations et sur les transformations de la puberté, tout cela est perçu par la fille comme un rejet de sa féminité et de son identité sexuelle.

En se produisant au moment même où la fille voit sa féminité et sa sexualité se manifester par des transformations physiques, ce rejet des composantes essentielles du moi a un effet catastrophique. La fille se sent alors rejetée par la personne à laquelle elle s'est le plus intensément identifiée. Pour réussir à s'en tirer et pour mieux contrôler ses émotions, la fille joue alors avec ses compagnes des psychodrames où elle revit continuellement le rejet.

Je ne sais pas si tout cela est vrai, mais en lisant le livre de Mme Friday, je me suis souvenu d'une expérience en psychologie à laquelle j'avais assisté. Les rats de l'expérience devaient appuyer sur un levier pour recevoir une forte décharge électrique plutôt que de subir de multiples faibles décharges intermittentes données au gré de l'expérimentateur. Selon les résultats de l'expérience, les décharges déclenchées par les rats eux-mêmes — même si elles étaient plus fortes et plus fréquentes — leur semblaient préférables à l'anxiété générée par l'attente de l'imprévisible. Peut-être qu'en contrôlant elles-mêmes les gestes de rejet les jeunes filles tentent elles aussi de réduire leur anxiété.

Ces jeux ont peut-être aussi plus de choses en commun avec le comportement des poulets. Le poulet le plus gros becquette un poulet plus petit pour l'éloigner de la mangeoire, ce dernier se venge aussitôt sur un poulet plus petit et plus vulnérable, et ainsi de suite. Une fille ne peut faire face au rejet de sa mère en affrontant celle-ci directement. Elle est trop petite, vulnérable et sans défense; elle oriente donc son agressivité vers l'une de ses compagnes. En jouant le jeu du rejet, peu importe dans quel rôle, la jeune fille cherche peut-être à se familiariser avec cette expérience atroce et à se composer un rôle afin de mieux supporter sa condition.

Peu importe quel est le mécanisme exact, je suis certaine que le tabou menstruel, l'ignorance ou l'impuissance de la mère à aborder le sujet et les jeux cruels des adolescentes sont intimement liés entre eux.

Quelque temps après que ma fille et moi nous fûmes réconciliées, je la conduisais à son école lorsqu'elle se mit à parler des problèmes qu'elle avait avec ses amies. Je retenais mon souffle. Ce sujet était si explosif que je ne l'avais pas abordé depuis des mois. Je ne voulais pas faire une gaffe.

«Je ne sais plus que faire, maman, me dit ma fille. Je veux être l'amie de Suzanne et de Véronique, mais elles disent continuellement du mal de Catherine — et elles le disent assez fort pour qu'elle puisse entendre. Je suis leur amie, mais j'aime bien Catherine aussi.»

«Tu ne peux pas être l'amie de toutes les filles?», hasardai-je en me mordant le bout de la langue. Cette réplique que j'utilisais fréquemment lorsque nous abordions ce sujet avait toujours pour effet de rendre ma fille furieuse. Cette fois, elle me répondit simplement: «Si je ne m'en prends pas à Catherine, Suzanne et Véronique refuseront d'être mes amies.»

Tout en essayant de rester neutre, je répliquai: «Qu'est-ce qu'on fait dans un tel cas: Comment t'en tires-tu?»

« Pour l'instant, je ne fais rien, continua-t-elle. Je ne dis pas de mal de Catherine, mais je suis avec Suzanne et Véronique et cela laisse croire que je suis contre Catherine. Et je me sens très mal, un peu comme si j'étais malhonnête. » Puis, commençant à pleurer, elle ajouta : « Je ne sais plus quoi faire. »

« Écoute, lui dis-je, Suzanne et Véronique sont de gentilles filles. Si tu allais les voir pour leur expliquer ton problème exactement comme tu me l'as présenté, elles comprendraient sûrement. Tu n'as qu'à leur dire que tu veux être leur amie, mais que tu ne détestes pas Catherine et que tu ne veux pas en dire du mal. »

À son regard, je compris vite ce que ma fille pensait de mon conseil.

« Ce n'est pas une très bonne idée, hein ? », ai-je conclu.

« Non, maman », admit-elle en m'embrassant avant de rentrer à l'école. Mon conseil n'avait peut-être pas été d'une grande utilité. C'était peut-être même un mauvais conseil, mais au moins nous en avions parlé ouvertement ensemble.

Deux jours plus tard, en allant la chercher à son école, ma fille me dit : « J'ai essayé de faire ce que tu m'as conseillé. »

« Et qu'est-ce que cela a donné ? », répliquai-je.

« Ça marche ! Suzanne et Véronique ont dit qu'elles acceptaient que je sois leur amie même si je ne détestais pas Catherine. »

« Quelle générosité ! », ai-je pensé en retenant ma langue. En réalité, j'étais très fière. Ma fille commençait à imposer sa propre personnalité.

Nancy Friday a peut-être raison. Ma fille a peut-être perçu ma nouvelle attitude comme une acceptation de son identité sexuelle, ce qui rendait sa participation aux psychodrames moins utile. Je ne sais toujours pas si les théories de Nancy Friday sont fondées ou non, mais les expériences que j'ai vécues avec ma fille semblent les confirmer. Je ne voudrais cependant pas promettre à quiconque que le fait d'expliquer la puberté et les menstruations à sa fille délivrera celle-ci des jeux cruels des adolescentes et fera disparaître toutes les tensions qui existent entre les parents et leur fille. Néanmoins, mes expériences de mère et d'enseignante m'ont convaincue que les adolescents et les préadolescents ont besoin de mieux connaître ce qui se passe en eux à ce moment de leur vie.

Les informations ne nous sont pas toujours facilement accessibles. Trop souvent, nous n'en savons guère plus que nos propres enfants. Nous avons peut-être une compréhension sommaire des menstruations, mais rares sont les parents qui peuvent décrire les cinq étapes de la croissance des poils du pubis ou du développement des seins. Ce livre a justement été écrit pour rendre toutes ces données accessibles.

Ce livre est conçu pour être lu par des filles de 9 à 13 ans, mais il pourra aussi convenir à des filles plus jeunes ou plus âgées. Il décrit en détail les changements physiologiques qui se produisent pendant la puberté. Je ne prétends toutefois pas qu'il traite de tous les sujets que vous devrez aborder avec votre fille au cours de la puberté. Quel livre le pourrait ? Ce n'est qu'une base. Par exemple, ce livre n'entre pas dans les détails du contrôle des naissances, des maladies transmises sexuellement, du viol, de l'avortement, des drogues et du changement des rapports entre les parents et leurs enfants — et ce n'est pas parce que j'estime que ces sujets ne doivent pas être abordés avec des enfants de cet âge. Au contraire, je crois qu'il est important de discuter de tous ces sujets et il existe plusieurs excellents livres qui traitent spécifiquement de chacun d'entre eux.

Ce livre véhicule peut-être des valeurs qui ne sont pas les vôtres. Cela ne signifie pas qu'il ne peut vous être utile. Pourquoi jeter le bébé avec l'eau du bain ? Utilisez plutôt ce livre pour mieux faire valoir votre point de vue. Par exemple, la masturbation est abordée au chapitre 5 de ce livre. Évidemment, le texte reflète ma conception selon laquelle la masturbation est saine et normale. Il se peut que cela soit à l'encontre de vos principes moraux ou religieux. Si c'est le cas, lisez le chapitre avec votre fille et expliquez-lui pourquoi vous pensez différemment.

Idéalement, votre fille et vous devriez consulter ce livre périodiquement tout au long de sa puberté. Vous pouvez lui en faire une première lecture lorsqu'elle a 8 ou 9 ans, afin qu'elle sache un peu quelles transformations se produiront bientôt en elle. Mais il vous faudra ensuite y revenir lorsque les transformations se produiront vraiment. Elle pourra alors comprendre beaucoup plus de choses qu'un ou deux ans plus tôt.

J'espère sincèrement que ce livre permettra aux mères et à leurs filles de mieux comprendre la puberté et d'en ressortir rapprochées.

Chapitre 1
La puberté

Ce livre traite de la période au cours de laquelle le corps d'une jeune fille se transforme en un corps de femme. C'est ce qu'on appelle la puberté.

Comme on peut le constater en regardant l'illustration ci-contre, le corps subit d'importantes transformations au cours de la puberté. On grandit, la silhouette se modifie, les cuisses et les hanches deviennent plus charnues et, de façon générale, le corps féminin prend des rondeurs. Les seins commencent à gonfler et à donner du volume à la poitrine. Du duvet commence à pousser aux aisselles et sur le pubis. Les glandes sécrètent de nouvelles substances qui modifient le toucher et l'odeur de la peau. Au même moment, d'autres transformations se produisent à l'intérieur du corps.

Tous ces changements ne se produisent pas en une journée. La puberté constitue un passage lent et graduel qui peut durer des mois ou des années. La puberté peut commencer lorsqu'une jeune fille n'a que huit ans ; elle peut aussi commencer à l'âge de seize ans ou plus. Peu importe à quel âge la puberté commence, elle suscite inévitablement une foule de questions. Nous espérons que ce livre pourra au moins répondre à quelques-unes d'entre elles.

Quand j'écris « nous », je veux signifier ma fille Area et moi-même. Nous avons travaillé ensemble à la réalisation de ce livre. Nous avons rencontré des médecins et des chercheurs ; nous avons potassé plusieurs manuels de médecine. Nous avons également consulté plusieurs mères et plusieurs jeunes filles afin de savoir comment elles avaient vécu la puberté et quelles questions cette période avait soulevées chez elles. Tout au long de ce livre, vous entendrez les voix de ces mères et de leurs filles. D'autres citations viennent des élèves de mon école. Au cours de l'année scolaire, j'enseigne l'éducation sexuelle et la puberté une fois par semaine à la Sequoyah School de Pasadena, en Californie. Ma fille a déjà fréquenté cette école et c'est ainsi que j'ai pu lui enseigner. Mes élèves, tout comme les mères et les filles que nous avons rencontrées, avaient beaucoup de questions à poser et beaucoup de choses à dire au sujet de la puberté. Tous et toutes nous ont grandement aidées à écrire ce livre.

Mes cours sur la puberté commencent habituellement par une explication de la procréation. C'est une excellente entrée en matière, puisque les changements qui surviennent au cours de la puberté préparent le corps de la femme à la maternité.

Quand on aborde un tel sujet devant un groupe de jeunes garçons et de jeunes filles, on peut s'attendre à des ricanements. En effet, il faut alors parler du sexe et, vous l'aurez sans doute remarqué, ce sujet provoque toutes sortes de réactions bizarres. Même les adultes sont souvent embarrassés, réservés ou ricaneurs lorsqu'ils abordent ce sujet.

Le mot « sexe » lui-même entretient la confusion, car il peut avoir différentes significations. Dans son acception première, le mot « sexe » désigne ce qui distingue l'homme de la femme. Il existe de nombreuses différences entre le corps de l'homme et celui de la femme, mais les plus évidentes sont que l'homme a un pénis et un scrotum tandis que la femme a une vulve et un vagin. Ces parties du corps constituent les *organes génitaux*. On est un homme ou une femme selon le type d'organes génitaux que l'on a.

Le mot « sexe » a aussi d'autres significations, comme dans l'expression « film de sexe ». On entend alors l'acte sexuel au cours duquel le pénis de l'homme pénètre dans le vagin de la femme. On dit également que deux personnes ont des « relations sexuelles » pour signifier qu'elles font l'amour ou qu'elles caressent leur organes génitaux. On peut enfin dire que l'on « pense au sexe » pour indiquer que l'on désire avoir des activités sexuelles.

Les organes génitaux sont des parties très intimes de notre corps. Ils sont habituellement couverts et l'on n'en parle que très rarement en public. Les relations et les pensées sexuelles sont également des sujets intimes que l'on n'aborde pas volontiers. C'est pourquoi, lorsque j'arrive devant mes élèves et que je leur parle de pénis, de vagin et d'acte sexuel, ils se mettent à ricaner. Imaginez comment ma pauvre fille pouvait se sentir lorsqu'elle fréquentait l'école où sa mère parlait de *tels* sujets. Avant d'accepter d'enseigner à cette école, j'ai d'abord demandé à ma fille si elle était d'accord. Elle n'était pas emballée, mais elle accepta quand même à la condition de ne jamais avoir à suivre mes cours. Finalement, le cours a connu beaucoup de succès. Les élèves allaient voir ma fille pour lui dire à quel point ils aimaient le cours. Elle décida alors de le suivre, même si nous avions déjà abordé ces sujets à la maison.

Comme je ne pouvais éviter les ricanements dans la classe, j'ai résolu d'en tirer parti et de tourner le sujet en dérision. Dès le premier cours, je remets donc à chaque élève une photocopie des deux dessins de l'illustration 1 et des crayons rouge et bleu pour les colorier.

Les organes génitaux

L'illustration 1 montre les organes génitaux masculins et féminins. Ces organes sont également appelés «organes reproducteurs». Toutes les personnes ont des organes génitaux à l'intérieur et à l'extérieur du corps, qui font l'objet de transformations au cours de la puberté. L'illustration 1 montre les organes génitaux externes tels qu'ils apparaissent chez les adultes.

Je commence habituellement par les organes génitaux masculins. J'explique que les organes génitaux externes de l'homme comptent deux composantes principales dont les noms scientifiques sont le *pénis* et le *scrotum*. Après avoir distribué les photocopies et commencé à parler du pénis et du scrotum, les élèves ricanent allègrement, se donnent

40

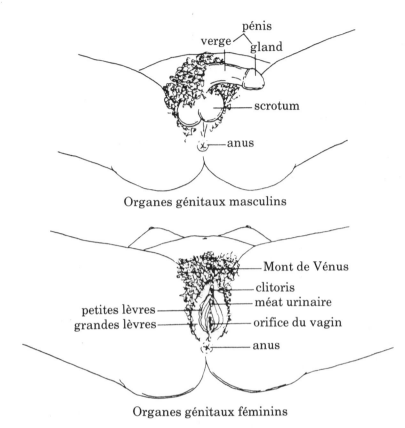

pénis
verge **gland**

scrotum

anus

Organes génitaux masculins

Mont de Vénus
clitoris
méat urinaire
petites lèvres
grandes lèvres
orifice du vagin
anus

Organes génitaux féminins

Illustration 1 : Les organes génitaux

des coups de coude et se tortillent sur leurs chaises. Je n'y prête pas attention et je poursuis : « Le pénis lui-même compte deux parties : la verge et le gland. Trouvez la verge sur votre copie et coloriez-la en bleu. » Certains élèves continuent de ricaner et d'autres écoutent très attentivement, mais ils se mettent tous à colorier. Pourquoi n'en feriez-vous pas autant, si toutefois vous n'avez pas emprunté ce livre à la bibliothèque ? Ma fille et moi avons beaucoup d'estime pour Mme Lou Ann Sobieski, une bibliothécaire, et nous ne voudrions pas qu'elle croie que nous encourageons les gens à colorier les livres qui ne leur appartiennent pas.

Le repli de peau qui entoure le gland s'appelle le *prépuce*. Lorsque mes élèves ont colorié la verge en bleu, je leur demande de colorier le prépuce en rouge. Ils colorient ensuite le gland. Je leur suggère habituellement de le colorier en bleu avec des bandes rouges, mais toute combinaison de couleurs permettant de bien distinguer le gland conviendra très bien.

Vient ensuite le scrotum. Je lance alors aux élèves : « Coloriez-le en rouge avec des pois bleus. » Le dessin commence alors à paraître vraiment étrange et les petits rires nerveux cessent pour céder la place à un rire très franc.

Dans le scrotum se trouvent deux glandes en forme d'œuf : les *testicules*. Ils n'apparaissent pas sur l'illustration, mais j'en fais mention à ce moment parce que ces glandes jouent un rôle important dans la procréation. J'y reviendrai plus loin.

Je demande enfin aux élèves de colorier l'anus. L'anus est l'orifice qui donne passage aux matières fécales. Ce n'est pas un organe génital, mais je le mentionne quand même, car il se trouve à proximité des organes génitaux.

En provoquant leurs rires, le fait de colorier les différentes parties des organes génitaux permet aux élèves de libérer la tension que suscite la discussion d'un tel sujet. Le coloriage joue aussi un autre rôle ; j'ai constaté qu'il aide les élèves à retenir le nom des organes. En regardant simplement l'illustration, on voit les mots « pénis », « scrotum », etc., mais tout est mêlé et on n'arrive pas à les retenir. En passant

En coupant une pomme en deux, on peut en voir le cœur et les pépins. Ce dessin, qui permet de voir l'intérieur d'une pomme, s'appelle une vue en coupe.

Le dessin ci-dessous est une autre vue en coupe. Elle permet de voir l'intérieur du pénis et du scrotum.

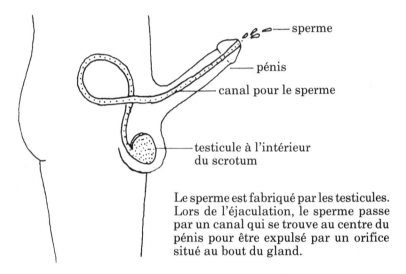

Le sperme est fabriqué par les testicules. Lors de l'éjaculation, le sperme passe par un canal qui se trouve au centre du pénis pour être expulsé par un orifice situé au bout du gland.

Illustration 2 : Vue en coupe du pénis et du scrotum

quelques instants à les colorier, on est forcé à y prêter attention et ils se gravent plus aisément dans la mémoire. Ce sont des parties importantes du corps humain et cela vaut la peine de faire un petit effort pour bien les connaître. Si ce livre ne vous appartient pas, calquez les dessins afin de pouvoir les colorier vous aussi.

43

Pendant que mes élèves colorient, j'aborde le sujet des mots vulgaires ou populaires. Les gens n'utilisent pas toujours les termes scientifiques pour désigner ces parties du corps. Mes élèves m'ont fourni une liste impressionnante de mots désignant le pénis, le scrotum et les testicules.

AUTRES MOTS DÉSIGNANT LE PÉNIS, LE SCROTUM ET LES TESTICULES

PÉNIS		*SCROTUM ET TESTICULES*
Graine	Pissette	Gosses
Zizi	Bitte	Couilles
Moineau	Quéquette	Bijoux de famille
Phallus	Queue	Boules
Batte		Valseuses
		Poche

Je n'ai personnellement rien contre les mots vulgaires ou populaires, mais ils écorchent les oreilles de certaines personnes. Cela vous est peut-être égal, mais il est bon de savoir que ces mots peuvent offenser certaines personnes.

Lorsqu'on a fini de colorier les organes génitaux masculins, on passe aux organes génitaux féminins. On désigne habituellement l'ensemble des organes génitaux externes de la femme par le mot « vulve ». La vulve compte plusieurs parties. Je commence généralement par le haut, avec le *mont de Vénus*, que mes élèves colorient avec des pois bleus. Juste sous le mont de Vénus s'ouvrent les *grandes lèvres*, que nous colorions avec des bandes rouges. Entre les grandes lèvres se trouvent les *petites lèvres*, que l'on colorie avec des bandes bleues. Les petites lèvres se rejoignent à leur sommet, près d'un organe en forme de bourgeon qui s'appelle *clitoris*. Coloriez-le en rouge. Sous le clitoris et entre les petites lèvres se trouve le *méat urinaire*, par où l'urine est expulsée du corps. Coloriez-le en bleu. On trouve juste au-dessous une autre ouverture nommée *orifice du vagin*. Cet orifice donne accès à une profonde cavité qui s'appelle le *vagin*. Faites appel à votre imagination pour colorier l'orifice du vagin et l'anus avec des couleurs contrastantes.

Pendant que les élèves colorient les organes génitaux féminins, nous dressons une autre liste de mots populaires ou vulgaires utilisés pour les désigner.

AUTRES MOTS DÉSIGNANT LA VULVE ET LE VAGIN

Chatte	Pelote	Touffe	Trou
Con	Fente	Noune	

Lorsque tous les élèves ont fini de colorier les deux dessins, ils ont assez ri pour que toute leur nervosité soit disparue. Ils ont également une bonne idée de l'endroit où se trouve chaque partie, ce qui facilite grandement l'explication des mécanismes de la procréation.

L'acte sexuel

Lorsque je commence à expliquer l'acte sexuel à mes élèves, ils posent généralement deux questions. La première : «Comment un pénis peut-il pénétrer dans un vagin ?» J'explique alors qu'il arrive que le pénis devienne très dur. C'est ce qu'on appelle une *érection* et cela peut se produire lorsqu'un homme éprouve du désir ou en d'autres circonstances. J'y reviendrai plus longuement au chapitre 8. L'érection se produit lorsque le corps caverneux du pénis se remplit de sang. En langage populaire, on parle de *bandaison*, parce que le pénis est si dur qu'il donne l'impression d'être bandé. On dirait même qu'il y a un os à l'intérieur, ce qui n'est toutefois pas le cas. Le pénis est rendu ferme par un afflux de sang.

Lorsqu'il est en érection, le pénis pénètre facilement par l'orifice du vagin. Le vagin n'est pas très large, mais son élasticité lui permet de s'adapter au passage du pénis.

En plus de vouloir savoir *comment*, certains élèves désirent aussi savoir *pourquoi* on fait une telle chose.

Les gens font l'amour pour toutes sortes de raisons. C'est une façon unique de partager l'intimité de quelqu'un d'autre. C'est également très agréable, ce que plusieurs élèves ont bien du mal à croire. Cest parties de notre corps ont plusieurs terminaisons nerveuses qui transmettent des signaux au siège du plaisir situé dans notre cerveau lorsqu'elles sont frottées de la manière appropriée. On éprouve alors des sensations agréables dans tout notre corps. Certaines personnes font l'amour dans le but d'avoir un enfant, mais un enfant n'est pas conçu chaque fois que l'acte sexuel est fait.

La procréation

Pour qu'un enfant soit conçu, il faut que le germe de vie de la femme, l'*ovule*, rencontre le germe de vie de l'homme, le *spermatozoïde*.

Les spermatozoïdes se trouvent dans le sperme qui est fabriqué par les testicules. Parfois, lorsqu'une

46

femme et un homme font l'amour, celui-ci éjacule. Lors de l'éjaculation, le pénis se contracte et le sperme est pompé des testicules jusque dans le canal se trouvant au centre du pénis. Le sperme est alors expulsé par un orifice situé au bout du gland tel qu'il est montré à l'illustration 2. Quelques cuillerées d'un liquide blanc et crémeux, regorgeant de millions de microscopiques spermatozoïdes, sortent alors du pénis. En langage populaire, on utilise le verbe venir pour signifier que l'homme éjacule.

Après avoir quitté le pénis, les spermatozoïdes se dirigent vers le haut du vagin. Ils y passent par une petite ouverture afin de pénétrer dans l'*utérus* (Illustration 3). L'utérus est un organe creux qui, chez une femme adulte, a la taille d'un poing refermé. Les parois musculaires épaisses de l'utérus sont très élastiques et celui-ci, tout comme un ballon, peut multiplier plusieurs fois son volume. Cette caractéristique est très importante, car c'est à l'intérieur de l'utérus que le bébé se développe avant sa naissance.

Certains spermatozoïdes parviennent à remonter l'utérus jusqu'à deux petits canaux nommés *trompes de Fallope*. Ce ne sont pas tous les spermatozoïdes qui se rendent jusque-là. Certains redescendent dans l'utérus et vont rejoindre dans le vagin les spermato-zoïdes qui ne se sont jamais rendus plus loin. Ces spermatozoïdes et le reste du sperme s'écoulent alors du vagin pour sortir du corps de la femme.

L'organisme féminin fabrique lui aussi des germes de vie : ce sont les *ovules*. Les ovules sont produits dans deux petites glandes que l'on appelle *ovaires*. Chez une femme adulte, les ovaires produisent un ovule à peu près chaque mois. Lorsque l'ovule est

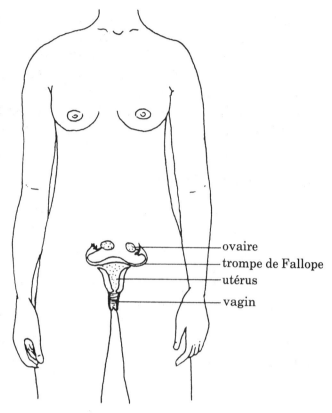

ovaire
trompe de Fallope
utérus
vagin

**Illustration 3 : Les organes génitaux internes
de la femme**

parvenu à maturité, il quitte l'ovaire et se dirige vers l'utérus en passant par une trompe de Fallope. Si une femme et un homme font l'amour juste à ce moment, il est fort probable que l'ovule rencontre un spermatozoïde sur sa route. Le spermatozoïde traversera alors l'enveloppe externe de l'ovule pour y pénétrer. C'est ce qu'on appelle la *fécondation*. Lorsqu'un spermatozoïde pénètre dans un ovule, celui-ci est fécondé.

La plupart du temps, l'ovule descend dans la trompe de Fallope sans rencontrer le moindre spermatozoïde, puis il se désintègre dans l'utérus. Mais, si l'ovule a été fécondé, il ne se désintégrera pas. Il ira plutôt s'implanter dans la paroi de l'utérus, où il se développera pendant environ neuf mois pour devenir un bébé (Illustration 4).

Les menstruations

Les parois internes de l'utérus sont constituées d'une muqueuse spéciale. Chaque mois, tandis que l'ovule mûrit dans l'ovaire, cette muqueuse se prépare à recevoir un éventuel ovule fécondé. La muqueuse épaissit et il s'y forme de nouveaux vaisseaux sanguins destinés à alimenter l'éventuel développement du fœtus. Des tissus muqueux se forment autour des vaisseaux sanguins afin de les protéger. Ces tissus se gorgent de sang afin de

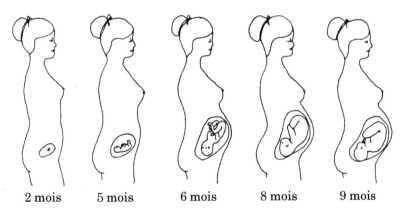

| 2 mois | 5 mois | 6 mois | 8 mois | 9 mois |

Illustration 4 : Les phases de la grossesse. L'ovule fécondé s'implante dans la paroi interne de l'utérus et, pendant neuf mois, se développe pour devenir un bébé.

49

constituer des réserves pour l'ovule fécondé qui viendra peut-être.

Si l'ovule n'est pas fécondé par un spermatozoïde, toute cette partie de la muqueuse utérine devient inutile. Alors, environ une semaine après la désintégration de l'ovule, l'utérus se débarrasse de ces tissus. La muqueuse gorgée de sang se détache de la paroi et est expulsée de l'utérus jusque dans le vagin. Elle poursuit ensuite son chemin jusqu'à l'orifice du vagin pour sortir du corps (Illustration 5).

L'expulsion de la partie superficielle de la muqueuse utérine s'appelle *menstruation*. Lorsque se produit cet écoulement de sang par le vagin, on dit que la femme est «menstruée» ou qu'elle a ses «règles».

La quantité de sang ainsi expulsée est très variable. Chez certaines femmes, il peut ne s'agir que de quelques cuillerées de sang, tandis que chez d'autres, ce sera presque une tasse complète. Le sang ne s'écoule pas tout d'un coup, mais plutôt lentement, sur une période de quelques jours. Puis, l'écoulement cesse. La durée de la menstruation pourra varier entre deux jours et une semaine.

Dès que l'écoulement sanguin s'arrête, l'utérus recommence à se couvrir d'une nouvelle muqueuse en prévision de la venue du prochain ovule. Si cet ovule n'est pas fécondé, une autre menstruation se produira environ un mois après la précédente.

La première menstruation d'une jeune fille se produit habituellement entre son huitième et son seizième anniversaire de naissance. Il peut arriver que la première menstruation se produise avant ou après, mais la majorité des jeunes filles sont

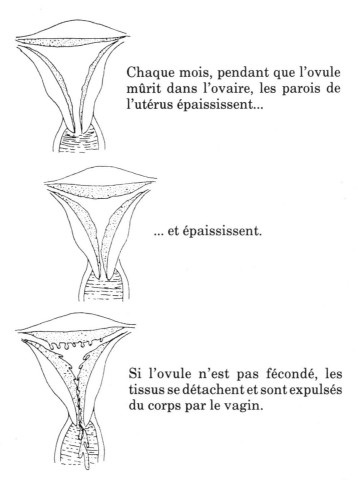

Chaque mois, pendant que l'ovule mûrit dans l'ovaire, les parois de l'utérus épaississent...

... et épaississent.

Si l'ovule n'est pas fécondé, les tissus se détachent et sont expulsés du corps par le vagin.

Illustration 5 : Vue en coupe de l'utérus. La zone ombrée représente la partie superficielle de la muqueuse utérine.

menstruées pour la première fois entre huit et seize ans.

Dans les prochains chapitres, nous reviendrons sur les menstruations en général, sur le fait de vivre sa première menstruation et sur les autres transformations qui se produisent au cours de la puberté. Si vous êtes comme mes élèves, vous aurez sans doute beaucoup de questions à poser en rapport avec ces sujets.

« Tout ce que vous avez toujours voulu savoir... »

Il n'est pas toujours facile de poser certaines questions. La question peut être embarrassante ou encore nous sembler idiote. Si vous avez cette impression, dites-vous bien que vous n'êtes pas la seule. Avec mes élèves, nous jouons au jeu « Tout ce que vous avez toujours voulu savoir sur le sexe et la puberté, mais que vous n'avez jamais osé demander. » Je distribue des feuilles de papier au début du cours afin que les élèves puissent y écrire leurs questions et les déposer dans une boîte. Les élèves ne doivent pas signer leurs questions et je suis la seule à y avoir accès, ce qui élimine toute tentative de reconnaître l'écriture. Je laisse la boîte cadenassée à un endroit accessible pendant toute la semaine afin que mes élèves puissent y déposer des questions qui leur sont venues entre les périodes de cours. À la fin de chaque cours, je tire les questions de la boîte, je les lis à haute voix et j'essaie d'y répondre du mieux que je peux.

En écrivant ce livre, j'ai voulu répondre à toutes les questions qui m'ont été posées de cette manière, mais il se peut que vous n'y trouviez pas réponse à toutes vos questions. Si c'est le cas, l'infirmière de votre école, vos parents ou un professeur pourra vous aider à les trouver.

Comment utiliser ce livre

Vous voudrez peut-être lire ce livre avec vos parents, toute seule ou avec une amie. Vous voudrez peut-être le lire d'un bout à l'autre, ou encore papillonner de chapitre en chapitre selon vos intérêts. Peu importe comment vous choisirez de le lire, nous espérons que vous y trouverez autant de plaisir et de renseignements que nous en l'écrivant.

Chapitre **2**
Les transformations physiques

Si les jeans que vous avez achetés il y a à peine deux mois vous vont aux chevilles ou si vos chaussures neuves sont déjà trop petites, vous commencez probablement votre puberté. À la puberté, le corps se développe beaucoup plus rapidement.

La poussée de croissance

La puberté est toujours marquée par une poussée de croissance du corps. Elle peut se produire à des âges différents et se révéler plus visiblement chez certaines que chez d'autres. Le début de cette poussée de croissance coïncide généralement avec le début du développement des seins ou avec l'apparition des premiers poils du pubis.

À partir de l'âge de deux ans, les filles grandissent d'environ cinq centimètres par année jusqu'à la puberté. Alors, elles peuvent se mettre à grandir de dix centimètres par année. Il s'agit bien sûr d'une moyenne, qui ne correspond pas nécessairement à votre cas.

Cette période de croissance accélérée dure habituellement moins d'un an, puis la croissance du corps reprend un rythme plus lent. Lorsque survient la première menstruation, le rythme de croissance est généralement revenu à 2,5 ou 5 centimètres par année. La plupart des jeunes filles atteignent leur taille adulte entre un et trois ans après leur première menstruation.

Les garçons connaissent aussi une poussée de croissance au cours de la puberté, mais la puberté commence généralement chez eux quelques années plus tard que chez les filles. C'est pourquoi des jeunes filles de onze ou douze ans sont très souvent plus grandes que les garçons de leur âge. Après quelques années cependant, lorsque les garçons entrent dans leur période de croissance accélérée, leur taille rejoint celle des filles et la dépasse. Bien entendu, certaines jeunes filles très grandes dépasseront toujours la plupart des garçons. Néanmoins, la plupart des jeunes filles qui sont plus grandes que leurs compagnons lorsqu'elles ont onze ou douze ans sont dépassées par ceux-ci vers l'âge de treize ou quatorze ans.

Au cours de la puberté et de la croissance qui l'accompagne, les os s'allongent. Mais tous les os ne s'allongent pas au même rythme. Au cours de cette période, les bras et les jambes s'allongent plus rapidement que le dos et donnent parfois l'impression d'être disproportionnés.

Les os des pieds croissent aussi plus rapidement que les autres os. Ainsi, les pieds atteignent leur longueur définitive bien avant que le corps ait atteint sa taille adulte. La plupart des jeunes filles que nous avons rencontrées s'inquiétaient de tout cela. Comme l'expliquait l'une d'elles :

> Je mesurais à peine 1,50 m à l'âge de onze ans et je portais déjà des chaussures de taille 8. Je me disais que s'ils continuaient ainsi j'aurais bientôt des pieds de géante. Aujourd'hui, j'ai seize ans, je mesure 1,70 m et je porte toujours des chaussures de taille 8.

Dans la même veine, une autre jeune fille nous racontait :

> Je suis bien heureuse d'entendre cela. Je porte des 8½, je n'ai que douze ans et je mesure 1,55 m. Tout le monde se moque de mes grands pieds. La dernière fois que j'ai acheté des souliers de tennis, le vendeur s'est bien amusé en disant que si mes pieds continuaient de grandir je devrais porter les boîtes des chaussures. J'ai fait mine de le trouver drôle, mais j'étais très inquiète et je me demandais si mes pieds finiraient un jour par s'arrêter.

Le changement de la silhouette

Au cours de la puberté, le visage change. Le bas du visage s'allonge et la figure devient plus pleine. La silhouette du corps se modifie également. Les hanches élargissent alors que de la graisse vient grossir les hanches, les fesses et les cuisses, donnant ainsi à la silhouette des formes plus arrondies

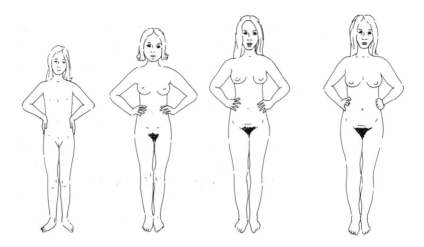

Illustration 6 : La puberté chez les filles. Au cours de la puberté, les hanches élargissent. De la graisse vient grossir les hanches, les fesses et les cuisses, donnant à la silhouette des formes plus arrondies. Les seins commencent à se gonfler et du duvet commence à pousser aux aisselles et sur le pubis.

(Illustration 6). Les seins aussi se remplissent de graisse pour devenir plus ronds et plus volumineux. Nous reviendrons sur le développement des seins au chapitre 4.

Aimer son corps

Il y a des corps de toutes les formes et de toutes les tailles : des petits et des grands, des maigres et des dodus, des étroits et des larges, des anguleux et des arrondis. On peut changer son corps jusqu'à un certain point par des exercices et des régimes alimentaires. Si vous êtes maigrichonne, vous pouvez gagner du poids. Si vous êtes rondelette, vous pouvez suivre un régime pour perdre un peu de graisse. Vous pouvez faire de l'exercice afin de développer ou raffermir certaines parties de votre corps. Cependant, la forme générale de votre corps ne peut être modifiée, peu importe ce que vous mangez et les exercices que vous faites.

Si vous n'êtes pas satisfaite de votre corps et si votre poids est trop faible ou trop fort, vous pouvez consulter un médecin afin qu'il vous recommande un régime alimentaire et un programme d'exercices. Si vous n'en êtes pas certaine, votre médecin vous dira si votre poids est normal en fonction de votre taille et de votre ossature. Si votre poids est normal et si vous n'êtes quand même pas satisfaite de votre corps, demandez-vous qui vous a mis dans la tête que votre corps devait absolument correspondre à tel ou tel critère.

Ce serait bien si nous pouvions toutes regarder notre corps sans le comparer à d'autres et dire simplement : « Je suis pas mal du tout ! ». Mais nous vivons dans une société où la concurrence est omniprésente entre les personnes, entre les entreprises et entre les nations. On passe son temps à comparer et à se demander qui est le meilleur. Mais qui détermine ce qui est le mieux ?

Les modèles du corps féminin idéal nous viennent généralement des magazines et du cinéma. De nos jours et dans notre société, ce corps idéal est généralement grand, mince, aux cheveux blonds, aux yeux bleus, à la peau blanche et aux joues roses, sans bouton ni tache de rousseur, au ventre plat, à la taille fine, aux longues jambes, à la poitrine généreuse, aux jambes et aux aisselles glabres, aux hanches et aux cuisses arrondies et sans le moindre bourrelet. Vous admettrez que nous sommes peu nombreuses à ressembler à ce modèle. D'abord, nous n'avons pas toutes la peau blanche, les cheveux blonds et les yeux bleus. Et nous ne sommes pas toutes des minces à la taille fine et aux gros seins. Nous venons dans un agréable assortiment de formes, de tailles et de couleurs.

Mais, à force de voir des images idéalisées de minces blondes aux yeux bleus, nous finissons par croire qu'il y a quelque chose qui cloche avec nos hanches, nos seins, nos cuisses, notre taille, notre silhouette, notre visage, notre peau ou notre chevelure. Si nous ne ressemblons pas à ces modèles, nous pouvons même en arriver à être malheureuses. Dans notre société, les gens sont si peu satisfaits de leur corps qu'ils dépensent des millions pour des teintures, du maquillage, des régimes amaigrissants, des lotions épilatoires et des trucs les plus farfelus pour raffermir le ventre, développer les seins ou amincir la taille. Certaines personnes font même appel à la chirurgie pour avoir un ventre plat, un nez droit ou une poitrine de forme différente.

Devant toutes ces images de « femmes idéales » à qui il n'arrive que de belles choses, on est tenté de croire que ces modèles de corps sont *vraiment* plus attrayants que les autres (Illustration 7). Si vous pensez ainsi, souvenez-vous que ces modèles semblent plus désirables tout simplement parce qu'ils correspondent à la mode de notre société et de notre époque. La mode n'a pas pour effet de rendre une mini-jupe « meilleure » qu'une jupe à mi-jambe ; elle ne peut pas non plus faire qu'un type de corps soit « meilleur » qu'un autre.

Illustration 7 : Les idéaux culturels

Illustration 8 : Différents types de beauté. Du haut vers le bas : une « gamine » des années '20, une femme du seizième siècle et une Polynésienne.

Il faut aussi se rappeler que les modes changent selon les pays et selon les époques. Les dessins de l'illustration 8 montrent des corps qui ont connu leurs heures de gloire. Celui du haut montre une « gamine » américaine des années '20. À cette époque, en Amérique du Nord, les silhouettes arrondies et les gros seins n'étaient pas du tout à la mode. Les femmes qui avaient une poitrine forte devaient la serrer dans des bandages pour la camoufler le plus possible. Le dessin du centre montre une Européenne du seizième siècle. Aujourd'hui, on la trouverait un peu rondelette, mais à son époque, il s'agissait du corps le plus désirable que l'on pût avoir. Le troisième dessin représente une Polynésienne. Son corps ne correspond pas à nos critères actuels de beauté, mais dans son pays, ses formes très arrondies représentent le modèle idéal.

Apprendre à s'apprécier soi-même et à aimer son corps — qu'il corresponde ou non au goût du jour — est une étape importante vers la maturité. Si vous aimez votre corps, les autres l'aimeront également sans se soucier le moindrement du corps de la « femme idéale ». Nous vous le garantissons !

Chapitre 3
Les poils,
la transpiration
et les boutons

Chez certaines jeunes filles, la poussée de croissance et l'apparition des poils pubiens sont les
premiers signes de la puberté. Chez d'autres, le début
de la puberté est marqué par l'apparition de nouveaux
poils ailleurs sur le corps.

Les poils du pubis

Les poils du pubis sont ces poils bouclés qui
poussent dans la région des organes génitaux.
Comme nous l'avons vu, cette région peut être
désignée par plusieurs noms; certaines personnes

65

l'appellent le vagin. En réalité, elles commettent une erreur, car le vagin se trouve à l'intérieur du corps.

En vous plaçant de profil devant une glace, vous remarquerez une légère saillie charnue dans la région du pubis. C'est ce qu'on appelle le mont de Vénus, en hommage à la déesse romaine de l'amour. Le mont de Vénus n'est qu'une partie de la vulve ou de la région pubienne. Nous reviendrons sur les autres parties plus loin ; concentrons-nous d'abord sur cette saillie qui porte un si joli nom.

Le mont de Vénus est formé par une couche de tissus adipeux qui recouvre et protège l'os du pubis. En y appuyant les doigts vers le bas, vous sentirez l'os sous la couche de graisse. C'est pourquoi on désigne souvent le mont de Vénus par le mot « pubis ». Peu importe quel nom vous lui donnez, vous découvrirez un jour ou l'autre qu'il y pousse des poils bouclés et foncés.

Les cinq étapes de la croissance des poils du pubis

Les médecins ont divisé la croissance des poils du pubis en cinq étapes, qui apparaissent à l'illustration 9. Vous vous trouvez peut-être maintenant à l'une de ces étapes ou entre deux étapes. Essayez de déterminer laquelle de ces cinq étapes correspond le mieux à votre état actuel.

L'étape 1 commence à la naissance et se poursuit pendant toute l'enfance. Au cours de cette étape, le mont de Vénus et les lèvres ne présentent aucun poil, ou alors un duvet très pâle semblable à celui qui peut couvrir le ventre. Les poils du pubis ne sont pas encore apparus.

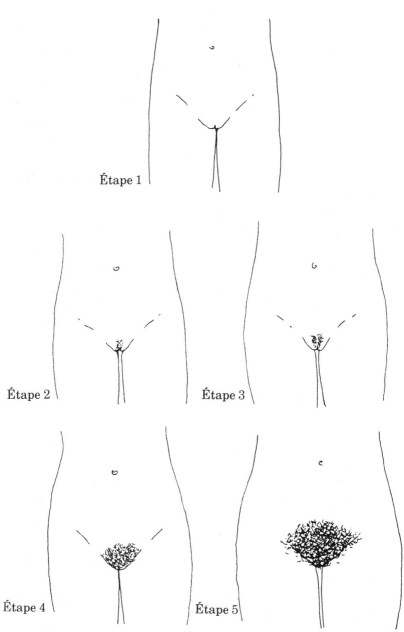

Étape 1

Étape 2

Étape 3

Étape 4

Étape 5

**Illustration 9 : Les cinq étapes de la croissance
des poils du pubis**

L'étape 2 commence dès l'apparition des premiers poils pubiens. Si votre vulve est couverte de duvet pendant votre enfance, vous n'aurez aucun mal à distinguer les poils pubiens du duvet. Les poils du pubis sont bouclés, plus longs et plus foncés. Au début, il n'y en aura peut-être que quelques-uns et ils seront légèrement bouclés. Il vous faudra alors regarder attentivement pour les découvrir.

Au cours de l'étape 3, les poils du pubis deviennent plus bouclés, plus épais et plus nombreux. Ils peuvent également devenir plus foncés. Ils couvrent alors une plus grande surface du mont de Vénus et des lèvres qu'au cours de l'étape 2.

Au cours de l'étape 4, les poils du pubis continuent à épaissir, à boucler et — dans certains cas — à foncer. Ils s'étendent maintenant pour couvrir une plus grande surface du mont de Vénus et des lèvres.

L'étape 5 correspond à l'âge adulte. Les poils du pubis sont épais et densément bouclés. Ils couvrent une surface encore plus grande qu'à l'étape 4. Ils présentent habituellement l'aspect d'un triangle tourné vers le bas. Chez certaines femmes, les poils pubiens s'étendent jusqu'au nombril et jusque sur les cuisses.

La croissance des premiers poils du pubis peut commencer dès l'âge de huit ans ou se produire beaucoup plus tard, à seize ans ou plus. La plupart des jeunes filles atteignent l'étape 3 lorsqu'elles ont entre onze et treize ans. Généralement, la première menstruation se produit au cours de l'étape 4, mais il arrive fréquemment qu'elle se produise au cours de l'étape 3. Une minorité de jeunes filles auront leur première menstruation au cours de l'étape 2 ou après avoir atteint l'étape 5. Si votre première menstruation se produit au cours de l'étape 1 et que vos seins n'ont pas encore commencé à se développer, vous devriez consulter un médecin. Il n'est pas nécessairement anormal que le cycle menstruel commence avant la croissance des poils pubiens ou le développement des seins, mais cela peut dans certains cas indiquer un problème. Il est donc préférable de consulter un médecin pour s'assurer que tout va bien.

La couleur et la densité des poils du pubis

Certaines femmes ont des poils pubiens très denses tandis que, chez d'autres, ils sont très éclaircis. Les poils peuvent être blonds, noirs, bruns ou roux, sans nécessairement être de la même couleur que la chevelure. Avec l'âge, les poils du pubis peuvent grisonner et blanchir comme les cheveux.

Pourquoi des poils pubiens ?

Les jeunes filles qui suivent mon cours demandent très souvent pourquoi nous avons des poils sur le pubis. Ces poils ont pour fonction de protéger l'espace compris entre les lèvres. Tout comme les cils protègent les yeux contre les corps étrangers, les poils du pubis interceptent tout ce qui pourrait irriter les tissus très sensibles qui se trouvent entre les grandes lèvres. Au cours de l'enfance, cette protection n'est pas nécessaire, car la région vulvaire n'est pas aussi sensible qu'à partir de la puberté.

Les réactions à l'apparition des poils du pubis

Certaines des jeunes filles que nous avons rencontrées étaient très heureuses de l'apparition chez elles des premiers poils pubiens. Comme l'affirmait l'une d'elles :

> Un jour, en prenant mon bain, j'ai remarqué trois petits poils bouclés qui poussaient sur mon pubis. J'ai crié à ma mère de venir voir. Je me sentais vraiment grande.

D'autres jeunes filles, ne savaient pas trop ce qui leur arrivait. Comme l'expliquait l'une d'entre elles :

> Quant j'ai vu ces poils noirs et bouclés, je ne savais pas ce que c'était. J'ai donc pris les pinces à sourcils et je les ai arrachés. Mais ils ont repoussé et il y en avait de plus en plus. Je me suis alors dit que cela devait être normal.

L'apparition des premiers poils du pubis peut être terrifiante pour celles qui ne savent pas exactement ce qui se passe. Plusieurs jeunes filles nous ont avoué avoir arraché leurs premiers poils pubiens. Ce n'est pas une très bonne façon de faire. D'abord, les poils repousseront quand même. Ensuite, cela peut irriter la peau et causer des infections — sans compter que cela fait très mal.

Même si plusieurs jeunes filles étaient emballées à l'idée de commencer leur puberté, ce n'était pas le cas de toutes. Certaines n'avaient pas du tout envie de voir leur vulve se couvrir de poils et de devoir subir les autres transformations de la puberté. L'une d'elles nous affirmait ce qui suit :

> Je n'étais tout simplement pas prête. Je me souviens du jour où j'ai découvert mes premiers

poils pubiens. Je me suis dit : « Oh ! Non ! Pas déjà ça ! » Puis, mes seins ont commencé à se développer et j'avais l'impression d'être une petite fille dans le corps d'une femme.

Une autre jeune fille nous confiait avoir éprouvé des sentiments mitigés ; elle se sentait en même temps très fière et très inquiète :

J'avais peur de devenir une adulte et de devoir porter des chaussures à talons hauts plutôt que de grimper aux arbres. J'ai fini par réaliser que je pouvais continuer à faire les mêmes choses qu'avant.

Toutes les jeunes filles que nous avons rencontrées, peu importe les sentiments qu'elles avaient éprouvés face aux changements de la puberté, ont admis qu'il était important de pouvoir échanger avec quelqu'un pour exprimer leurs réactions. En lisant ce livre avec quelqu'un d'autre, vous aurez l'occasion de parler de toutes ces choses.

Les poils des aisselles

La puberté marque aussi l'apparition de poils aux aisselles. Chez la plupart des jeunes filles, les poils des aisselles n'apparaissent qu'après les poils du pubis ou qu'après le début du développement des seins. Il est fréquent que les poils des aisselles ne poussent qu'après la première menstruation. Il arrive cependant que l'apparition des poils des aisselles constitue le premier signe de la puberté. Bien que cela soit rare, c'est tout à fait normal. Les autres transformations, comme le développement des seins ou la croissance des poils du pubis, viendront plus tard.

Les poils ailleurs sur le corps

Au cours de la puberté, il se peut que les poils des bras et des jambes deviennent plus foncés et plus abondants. Certaines jeunes filles pourront même remarquer l'apparition de poils plus foncés au-dessus de la lèvre supérieure.

Le rasage et l'épilation

Dans certaines sociétés, les femmes qui ont beaucoup de poils aux aisselles et sur les jambes sont jugées plus attrayantes et plus féminines que les femmes qui en ont moins. Chez nous, il semble que les gens croient le contraire. Les belles femmes que nous présentent la télévision et les magazines n'ont pas le moindre poil sur les jambes et aux aisselles. Cela ne signifie pas que les mannequins sont des êtres différents chez qui les poils ne poussent pas. Ces femmes n'ont pas de poils parce qu'elles se rasent ou parce qu'elles s'épilent.

Les garçons aussi voient des poils apparaître à leurs aisselles et sur leurs jambes au cours de la puberté. Quand ils constatent l'apparition de ces poils, les garçons sont habituellement très fiers. C'est un signe qu'ils deviennent des hommes. Chez les hommes, les poils des aisselles et des jambes sont des marques de virilité que l'on juge esthétiques. Chez les femmes, les mêmes poils sont jugés laids et non féminins, ce qui n'est absolument pas logique.

C'est à vous de décider si vous vous voulez faire disparaître les poils de vos jambes et de vos aisselles. Ce n'est pas toujours facile de prendre une décision vraiment personnelle, car on subit souvent l'influence de son entourage, tout comme cette jeune fille.

> Je ne voulais pas vraiment me raser les jambes, mais mes amies me disaient : « Regarde-moi donc tout ce poil que tu as sur les jambes ! Pourquoi ne te rases-tu pas ? » J'ai donc commencé à me raser sans vraiment l'avoir voulu.

Certaines jeunes filles nous ont dit qu'elles voulaient se raser les jambes, mais que leurs mères refusaient. Si c'est votre cas, c'est un problème que votre mère et vous devez résoudre ensemble. Cependant, la décision vous appartient et vous ne devez pas céder aux pressions que vous subissez dans un sens ou dans l'autre. Nous espérons ne pas nous mettre ainsi trop de mères à dos.

Si vous décidez de vous raser, vous devez savoir un certain nombre de choses avant de commencer. Lorsqu'on les rase, les poils ont tendance à repousser plus foncés et plus denses. Ils repoussent aussi de plus en plus rapidement, si bien que, après quelques années, il vous faudra peut-être les enlever tous les deux jours pour avoir les jambes bien douces.

Vous pouvez raser les poils ou les enlever avec de la cire ou une lotion épilatoire chimique. Le rasage peut se faire avec un rasoir électrique ou un rasoir de sûreté. Dans ce dernier cas, assurez-vous que les lames sont en bon état si vous ne voulez pas vous couper la peau. Les lames émoussées tirent sur les poils et irritent la peau, utilisez donc toujours des lames bien acérées. Il est très difficile de se couper avec un rasoir électrique, mais le risque est très grand avec un rasoir de sûreté ; allez-y donc avec précaution. Utilisez du savon ou de la crème pour empêcher la lame du rasoir d'irriter la peau.

Les lotions épilatoires chimiques tuent les poils à la racine. On applique la lotion ou la crème et on la laisse agir pendant un certain temps. En essuyant la lotion, les poils s'enlèvent. La plupart des lotions épilatoires ne peuvent être utilisées que sur les jambes. N'appliquez jamais une telle lotion sur les aisselles à moins que cela soit clairement recommandé; vous risqueriez alors de causer une grave irritation ou une infection des aisselles. N'appliquez pas non plus ces lotions sur la peau de votre visage, car elles peuvent y provoquer de graves irritations. Lisez bien les indications imprimées sur le contenant et — la première fois — faites un test sur une petite surface de peau afin de vérifier si vous êtes allergique au produit.

On peut aussi enlever les poils en y étendant de la cire chaude. Lorsque la cire est refroidie, il suffit de tirer dessus pour arracher les poils. Vous trouverez des ensembles de cire épilatoire dans les pharmacies. Encore une fois, lisez attentivement les indications. Assurez-vous également que la cire est conçue pour être appliquée sur la partie du corps que vous voulez épiler.

Si votre lèvre supérieure se couvre de poils foncés au cours de la puberté et si vous voulez les enlever, ne les rasez surtout pas, car vous finirez par avoir des moustaches. Il existe des produits chimiques qui permettent d'enlever les poils du visage, mais une femme les ayant utilisés pendant plusieurs années nous a affirmé qu'ils provoquaient à la longue une décoloration de la peau. Certaines femmes préfèrent la cire pour enlever les poils du visage. D'autres, qui recherchent une solution permanente, font appel à l'électrolyse, une méthode par laquelle la racine des poils est brûlée par un courant électrique. Cependant, même après l'électrolyse, les poils peuvent repousser, plus denses et plus foncés. Il faut donc bien y réfléchir avant de commencer à les enlever. Si vous songez sérieusement à enlever les poils de votre lèvre supérieure, consultez un médecin spécialisé dans les problèmes de peau (un dermatologue) et demandez-lui quelle méthode il vous recommande d'utiliser.

La transpiration

Au cours de la puberté, vous remarquerez peut-être que vous transpirez plus. C'est tout simplement parce que les glandes de la transpiration (les glandes sudoripares) deviennent plus actives au cours de cette période. Votre transpiration pourra également commencer à sentir comme celle des adultes.

Si vous vous alimentez bien et si vous êtes en bonne santé, votre transpiration ne devrait pas sentir mauvais. En prenant un bain ou une douche chaque jour, vous sentirez toujours bon. Si toutefois l'odeur de votre transpiration vous gêne, vous pourrez utiliser un désodorisant. Si vous transpirez beaucoup, vous aurez alors tout avantage à choisir un désodorisant qui est aussi antisudorifique.

La vulve compte aussi des glandes sudoripares et il existe des désodorisants vulvaires. Nous ne vous recommandons toutefois pas de les utiliser. Ils peuvent facilement irriter la peau très sensible de cette partie de votre corps. De plus, à moins que vous ne souffriez d'une infection, il vous suffira de vous laver quotidiennement avec de l'eau et du savon pour sentir propre. Si vous avez des écoulements vaginaux qui sentent fort et si vous trouvez que votre vulve sent mauvais, vous souffrez peut-être d'une infection. Il est alors préférable de consulter un médecin plutôt que de couvrir l'odeur avec un désodorisant. Vous trouverez d'autres informations sur les infections du vagin à la page 131.

Les boutons et autres problèmes de peau

En devenant plus actives au cours de la puberté, les glandes de la peau sécrètent plus d'huiles. Lorsque la peau devient ainsi plus huileuse, il est fréquent que l'on éprouve des problèmes de peau. Les boutons constituent le problème de peau le plus courant de la puberté. Nous en avons toutes souffert à un degré ou à un autre. Les boutons apparaissent habituellement sur le visage, sur les épaules ou dans le dos et sont causés par un engorgement des glandes. Les boutons peuvent s'infecter et prendre alors une couleur rouge vif. Certains adolescents souffrent d'un problème grave de la peau qu'on appelle l'acné. Si vous souffrez d'acné, vous devriez consulter un dermatologue.

On a longtemps cru que le fait de manger du chocolat ou des aliments gras pouvait augmenter le nombre de boutons. Aujourd'hui, les médecins estiment que ces aliments n'ont rien à voir avec le problème. La meilleure chose à faire pour combattre les boutons, c'est de se laver la figure régulièrement avec de l'eau et du savon.

Au cours de la puberté, il arrive que certaines personnes voient apparaître des marques pourpres sur leur peau, généralement sur les hanches ou les fesses. Ces marques disparaîtront avec le passage à l'âge adulte.

Les poils du pubis, les poils des aisselles, les modifications de la peau et la transpiration ne sont que quelques-unes des transformations que votre corps subira au cours de la puberté. Nous aborderons dans le prochain chapitre un autre changement important : le développement des seins.

Chapitre 4
Tétons, nichons et boules : votre poitrine

À cause de toute l'importance qu'elle revêt pour eux, les Inuit utilisent plus de 100 termes différents pour désigner la neige. Si l'on en juge par le nombre de mots qui désignent les seins — les élèves de ma classe m'en ont donné quelques douzaines —, ceux-ci doivent avoir une très grande importance pour nous.

Je ne me souviens plus très bien à quel moment je me suis rendu compte que mes seins se développaient. Par contre, je me rappelle très bien du jour où quelqu'un d'autre l'a remarqué. Je gardais deux jumelles de neuf ans pour des amis de mes parents. C'était la première fois que je gardais ces deux filles. Ce fut d'ailleurs la dernière. Elles avaient jeté leurs poissons rouges dans la cuvette de la toilette « pour qu'ils aient plus d'espace pour nager ». Pendant que j'étais agenouillée pour sortir les poissons rouges de là, elles étaient redescendues à la cuisine pour mettre leur tortue miniature dans le grille-pain « afin de la réchauffer ».

La soirée avait plutôt mal commencé. Tant que leurs parents étaient là, les jumelles étaient de vrais anges, mais dès qu'ils eurent passé la porte, elles sautèrent sur moi pour ouvrir ma chemise : « Oh ! Tu as des tétons ! Montre-nous, montre-nous ! criaient-elles. Nous avons tellement hâte d'avoir des tétons. »

J'ai réussi à m'en débarrasser et à rattacher ma chemise, mais je n'avais jamais été aussi gênée de ma vie.

Que vous soyez impatiente comme ces jumelles ou gênée comme je l'étais, vos seins commenceront à se développer un jour ou l'autre.

La poitrine durant l'enfance

Au cours de l'enfance, notre poitrine est plate, à l'exception des deux petites excroissances au centre de chaque sein que l'on nomme mamelons. La couleur des mamelons pourra varier d'un rose très pâle à un marron très foncé. Chaque mamelon est entouré d'un anneau de chair de même teinte qu'on appelle l'aréole (Illustration 10).

Parfois, lorsqu'on les frappe ou les touche, ou encore lorsqu'on éprouve du désir, les mamelons se pointent et les aréoles se gonflent. Autrement, tout au long de l'enfance, la poitrine reste très plate à l'exception des deux mamelons. À la puberté, les seins commencent à se gonfler, tandis que les

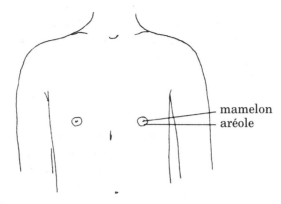

mamelon
aréole

Illustration 10 : La poitrine. Au centre de chaque sein se trouve une petite excroissance appelée mamelon qui est entourée par un anneau de chair nommé aréole.

mamelons et les aréoles s'élargissent et deviennent plus foncés.

L'intérieur des seins

Pour comprendre pourquoi les seins se gonflent, il faut d'abord savoir ce qui se produit à l'intérieur de ceux-ci. L'illustration 11 montre l'intérieur d'un sein développé. Même si l'on n'en voit que trois sur l'illustration, chaque sein est formé de 15 à 25 parties distinctes qu'on appelle les lobes. Tout comme les quartiers d'une orange, les lobes sont serrés les uns contre les autres pour former le sein. Les lobes sont recouverts et protégés par une couche de graisse. On trouve à l'intérieur de chaque lobe une sorte d'arbre. Les feuilles de ces arbres sont appelées alvéoles. Lorsqu'une femme a un enfant, ces alvéoles produisent du lait, qui se rend jusqu'au mamelon par les branches et le tronc de l'arbre, c'est-à-dire par les

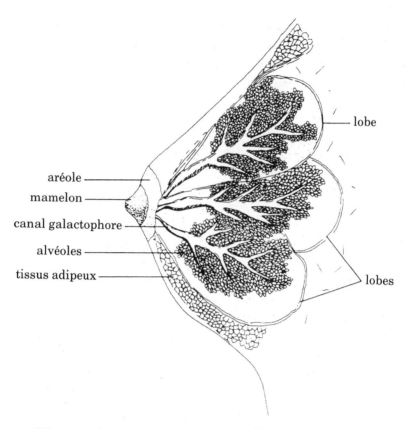

aréole
mamelon
canal galactophore
alvéoles
tissus adipeux

lobe

lobes

Illustration 11 : Vue en coupe d'un sein développé

canaux galactophores. Lorsque la mère allaite son enfant, celui-ci suce le mamelon pour faire sortir le lait.

Au cours de la puberté, les canaux galactophores commencent à se former et ils se couvrent d'une couche protectrice de tissus adipeux. Les canaux et leur couche de graisse forment alors un renflement sous le mamelon et l'aréole. Vos seins ne sont toutefois pas encore prêts à faire du lait à ce moment et ils ne le seront pas tant que vous n'aurez pas un enfant. Néanmoins, votre corps se prépare pour le jour où vous déciderez peut-être d'avoir un enfant; c'est pourquoi vos seins se gonflent.

Le développement des seins

Personne ne peut dire à quel moment les seins d'une jeune fille commenceront à se développer. Cela peut se produire dès l'âge de huit ans ou aussi tardivement qu'à seize ans ou plus. Chez la plupart, les seins commencent à se développer entre le neuvième et le quatorzième anniversaire de naissance. Il est toutefois possible que ce ne soit pas votre cas et que vos seins commencent à se développer plus tôt ou plus tard. Cela ne veut pas dire qu'il y a quelque chose qui ne va pas. Cela signifie simplement que votre corps se développe à son rythme à lui.

Les médecins divisent le développement des seins en cinq étapes, qui apparaissent à l'illustration 12. Vous avez peut-être atteint l'une de ces étapes ou vous vous trouvez à mi-chemin entre deux d'entre elles. Essayez de déterminer laquelle de ces étapes se rapproche le plus de votre état actuel.

L'étape 1 correspond à l'enfance: la poitrine est plate, à l'exception des deux mamelons.

L'étape 2 correspond au bourgeonnement des seins. Les canaux galactophores et la graisse qui les recouvre forment un renflement sous les mamelons et les aréoles. Les mamelons commencent à s'élargir. Cela se produit fréquemment avant même que les seins bourgeonnent. L'aréole s'élargit aussi et, tout comme le mamelon, elle prend une teinte plus foncée.

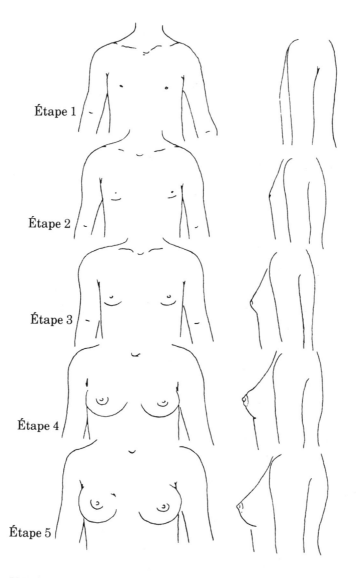

**Illustration 12 : Les cinq étapes du développement
des seins**

Étape 1

Étape 2

Étape 3

Étape 4

Étape 5

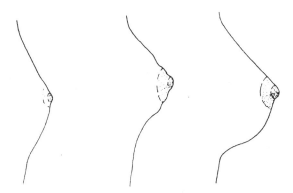

Illustration 13 : Le mamelon aux étapes 3, 4 et 5. Au cours de l'étape 4, le mamelon et l'aréole forment un renflement qui les fait ressortir par rapport au reste du sein.

Au cours de l'étape 3 les seins prennent du volume et s'arrondissent. Les mamelons et les aréoles peuvent continuer à s'élargir et à foncer. Au cours de cette étape, les seins ont généralement une forme plutôt conique.

Même si la plupart des jeunes filles passent par l'étape 4, ce n'est pas le cas de toutes. Au cours de cette étape, les mamelons et les aréoles forment un renflement qui les fait ressortir par rapport au reste du sein. L'illustration 13 présente un plan rapproché du mamelon et de l'aréole au cours des étapes 3, 4 et 5 afin que vous puissiez bien distinguer la différence.

L'étape 5 correspond au stade ultime du développement des seins. La poitrine est alors pleine et arrondie. Certaines jeunes filles passent directement de l'étape 3 à l'étape 5, sans passer par l'étape 4.

Non seulement les seins commencent-ils à se développer à des âges différents, leur rythme de développement est aussi très variable. Certaines jeunes filles passent du début de l'étape 2 à l'étape 5 en moins de six mois ou un an. Chez d'autres, il faudra six ans ou plus pour passer de l'étape 2 à l'étape 5. En moyenne, le développement des seins se fait sur une période de quatre ans et demi. Encore une fois, il s'agit d'une moyenne qui ne correspond pas nécessairement à votre cas.

Le fait que les seins commencent à se développer tôt ou tard n'a rien à voir avec leur rythme de développement. Chez certaines jeunes filles, les seins se développent tôt et rapidement, alors que chez d'autres, ils se développent tôt et lentement. Il en va de même chez celles dont les seins commencent à se développer tardivement.

L'âge auquel les seins commencent à se développer n'a non plus rien à voir avec leur taille finale. Des seins qui commencent à se développer tôt peuvent tout aussi bien devenir gros que petits. Et c'est la même chose pour les seins qui se développent tardivement.

Les seins et la première menstruation

La plupart des jeunes filles ont leur première menstruation au cours de l'étape 4 du développement des seins. Néanmoins, un bon nombre de jeunes filles pourront connaître leur première menstruation au cours des étapes 3 ou 5. Dans quelques cas, la première menstruation pourra même se produire au cours de l'étape 2. Si toutefois la première menstruation se produit au cours de l'étape 1 — c'est-à-dire avant que les seins aient commencé à se développer —, il est recommandé de consulter un médecin. Cela ne veut pas nécessairement dire qu'il y a quelque

86

chose d'anormal, mais il se peut que des soins médicaux soient requis.

Les réactions au développement de la poitrine

Les mères et les filles à qui nous avons parlé n'avaient pas toutes éprouvé les mêmes réactions face au développement de leur poitrine. Certaines jeunes filles nous ont confié avoir été emballées par le début du développement de leurs seins. L'une d'elles nous affirmait :

> J'étais si heureuse lorsque mes seins ont commencé à se développer ! D'abord, mes mamelons se sont élargis. Puis, mes seins ont commencé à se gonfler. J'étais très fière. Je me sentais une grande. Je passais mon temps à montrer mes seins à ma mère et à ma petite sœur.

Bien que plusieurs jeunes filles y réagissent positivement, elles sont aussi très préoccupées. Ainsi, l'une d'elles nous confiait :

> J'étais vraiment horrifiée. J'avais ces petits renflements sous mes mamelons, qui me faisaient toujours mal, surtout si je les frappais. C'était si douloureux que je me demandais si quelque chose n'allait pas.

Un sein ou les deux peuvent être sensibles ou même douloureux. C'est tout à fait normal et cela ne signifie aucunement que quelque chose ne va pas. Même si cette douleur peut être embarrassante, il ne faut pas s'en inquiéter. Elle fait partie du processus de développement.

Régulièrement, je trouve la question suivante dans ma boîte aux questions : « Les seins peuvent-ils éclater ? », ou encore « Les seins peuvent-ils crever comme un ballon ? ». Chaque fois, je réponds catégoriquement que cela est impossible, mais je me demande intérieurement d'où peut bien venir une telle idée. Un jour, une de mes élèves m'a apporté la réponse :

Les adultes me disent toujours « Oh ! Tu gonfles vraiment de partout ! ». Alors, comme mes seins me font mal, je me suis demandé s'ils allaient éclater.

Cette jeune fille m'a fait comprendre à quel point le vocabulaire des adultes pouvait parfois semer la confusion chez les adolescents. Si vous avez de telles inquiétudes, vous pouvez maintenant les oublier. Je peux vous assurer que, même s'ils en donnent parfois l'impression, vos seins n'éclateront pas et ne crèveront pas.

D'autres jeunes filles nous ont fait part de leurs inquiétudes à l'effet que leurs deux seins ne se développaient pas au même rythme. Comme le soulignait l'une d'elles :

Un de mes seins a commencé à se développer alors que l'autre restait plat. Je craignais qu'il ne se développe jamais et j'avais peur de me retrouver avec un seul sein.

Une autre jeune fille nous confiait pour sa part :

Mes deux seins ont commencé à se développer en même temps, mais l'un des deux est devenu beaucoup plus gros que l'autre. Je me demandais sérieusement si je resterais avec une telle infirmité.

88

Il arrive fréquemment qu'un sein se développe plus tôt ou plus rapidement que l'autre. Même s'il accuse un certain retard, le deuxième sein se développera lui aussi. Lorsque la jeune fille aura atteint la maturité, ses deux seins auront sensiblement la même taille. Plusieurs femmes adultes auront remarqué que leurs deux seins n'ont pas exactement la même taille, mais cette différence est habituellement imperceptible pour les autres.

Certaines jeunes filles ont remarqué que des petits poils avaient commencé à pousser autour de leurs aréoles. L'une d'elles nous racontait:

> Des petits poils ont commencé à pousser autour de mes aréoles et aucune de mes amies n'en avait. Je croyais être anormale et je les ai arrachés avec une pince à sourcils, mais ils ont repoussé.

Bien que cela n'arrive pas à toutes, plusieurs femmes voient des poils pousser autour de leurs aréoles. C'est absolument normal. Il ne sert à rien d'arracher ces poils car, dans la plupart des cas, ils repousseront. Le fait de les arracher peut même causer une infection qui rendra le sein plus sensible et même douloureux.

«L'un de mes mamelons ressort du sein, mais l'autre pas, nous affirmait une jeune fille. On dirait qu'il est enfoncé et je ne sais pas pourquoi.»

Cette jeune fille avait ce qu'on appelle un mamelon inversé. Chez certaines femmes, l'un ou les deux mamelons sont enfoncés dans l'aréole plutôt que ressortis. En vieillissant, il se peut que le mamelon inversé d'une jeune fille ressorte. De nombreuses femmes ont des mamelons inversés et cela ne leur cause aucun problème. On vous dira peut-être qu'elles ne peuvent pas allaiter leur enfant.

C'est tout à fait faux. Le seul moment où un mamelon inversé peut représenter un problème, c'est lorsqu'il le devient soudainement ou lorsqu'il cesse de l'être. Encore là, cela ne signifie pas nécessairement que quelque chose ne va pas, mais il est préférable de consulter un médecin pour s'en assurer.

Certaines des jeunes filles que nous avons rencontrées s'inquiétaient parce que du liquide s'écoulait de temps à autre de leurs mamelons. C'est encore une fois un phénomène normal. L'organisme s'assure ainsi du bon fonctionnement des canaux galactophores. Le liquide pourra être blanc ou transparent, ou encore légèrement teinté de jaune ou de vert. S'il y en a beaucoup, s'il est de couleur brune ou s'il s'y trouve du pus, il est recommandé de consulter un médecin, car il peut s'agir du symptôme d'une infection. Nous reviendrons plus loin sur les mamelons inversés et sur le liquide qui s'écoule des mamelons lorsque nous aborderons l'examen des seins.

Comme nous l'avons vu plus tôt, de nombreuses jeunes filles étaient très fières de voir leurs seins se développer. Plusieurs autres, cependant, vivaient l'expérience avec embarras. Comme nous l'affirmait l'une d'entre elles, âgée de 22 ans :

> En quatrième année, j'étais la seule fille de ma classe dont les seins avaient commencé à se développer. Je portais des bandages comme ceux qu'on met sur les entorses pour aplatir ma poitrine. Je gardais mon manteau aussi longtemps que je le pouvais et je portais toujours des vêtements très amples. Maintenant que je suis plus vieille, j'en ris, mais à l'époque c'était loin d'être drôle.

La plupart de celles dont les seins ont commencé à se développer avant les autres nous ont avoué en avoir éprouvé de la gêne. Les jeunes filles dont les seins se sont développés tardivement ont d'ailleurs éprouvé des sentiments semblables. Une femme âgée de 30 ans nous racontait :

> Mes seins n'ont commencé à se développer qu'après mon seizième anniversaire de naissance. Absolument tout le monde avait des seins, sauf moi. Elles avaient toutes des soutiens-gorge et j'étais là, avec ma camisole. Je séchais mes cours d'éducation physique pour ne pas avoir à prendre une douche avec mes amies. Ma poitrine plate me gênait beaucoup trop. Finalement, ma mère m'a acheté un soutien-gorge rembourré. Un jour, mes seins ont enfin décidé de se développer, mais j'ai vraiment été très malheureuse au cours de ces années.

Une autre femme nous confiait :

> Mes seins n'ont pas commencé à se développer avant que j'aie 17 ans. Je croyais sincèrement que quelque chose de très grave clochait quelque part. Je pensais même être un homme et non une femme. Et que dire de toutes ces taquineries souvent méchantes ? Les garçons m'appelaient « la planche à repasser » à cause de ma poitrine plate.

Même les jeunes filles dont les seins se développent à l'âge moyen peuvent éprouver de la gêne. Comme nous le confiait l'une d'elles :

> Mes seins ont commencé à se développer lorsque j'avais onze ans, à peu près en même temps que les autres filles. J'en étais très heureuse, mais je me sentais quand même gênée, surtout à l'école.

Nos parents, nos frères et nos sœurs, nos amies et nos camarades d'école peuvent parfois nous taquiner au sujet de nos seins naissants, nous mettant ainsi dans l'embarras. Il peut même arriver que des étrangers, dans la rue, passent des remarques sur notre corps. Les garçons et les hommes peuvent nous siffler ou nous faire des commentaires d'ordre sexuel. Ces attentions sont parfois flatteuses, comme nous les faisait remarquer une jeune fille :

> Quand je marche dans la rue et qu'un garçon me dit « bonjour ! », me siffle ou quoi que ce soit, je me sens bien. C'est un peu comme s'il disait « Tu es jolie ». J'aime bien cela, surtout lorsque je suis avec une amie ou un groupe d'amies.

Cependant, un grand nombre de femmes et de jeunes filles n'apprécient pas du tout ce genre d'attentions :

> Je déteste lorsque les garçons regardent mes seins, me sifflent ou me lancent des propos sexuels. J'ai l'impression d'être un morceau de viande et je me sens complètement idiote. Mais qu'est-ce que je peux faire ? Faire comme eux ? Est-ce qu'ils aimeraient cela si les filles fixaient leur braguette en criant : « Hé ! C'est tout un pénis que tu as là ! » C'est pourtant ce qu'ils font. Ils me disent : « Ouais ! Tu en as toute une paire ! » Et je n'aime pas cela.

Devant ce genre d'attentions, il n'y a souvent pas grand-chose à faire, sinon les ignorer. Il est toutefois utile d'en discuter avec d'autres filles afin de pouvoir échanger des trucs permettant de se sortir de telles situations.

Les soutiens-gorge

On me demande souvent à quel moment une jeune fille doit commencer à porter un soutien-gorge et même si les femmes devraient en porter. Il n'y a pas de réponse unique à cette question. Chacune d'entre nous doit faire son propre choix. Si vos seins sont petits ou très fermes, vous n'avez peut-être pas besoin d'un soutien-gorge. Mais, si vous avez une poitrine plantureuse, vous désirerez peut-être porter un soutien-gorge pour vous sentir plus à votre aise. Certaines jeunes filles portent des soutiens-gorge pour empêcher leurs seins de s'affaisser avec l'âge. À ce sujet, une de mes élèves a fait ce commentaire très intéressant :

> Qu'est-ce que ça peut faire que les seins s'affaissent? Qui a dit que les seins tombants étaient moins bien que les seins qui pointent vers le haut? Je m'en fiche complètement. Je ne porte pas de soutien-gorge et je n'en porterai pas. Je ne peux pas le supporter, j'ai l'impression d'avoir un harnais.

Certaines jeunes filles portent des soutiens-gorge parce que cela leur permet d'être plus à l'aise pour courir, danser ou faire du sport. D'autres en portent parce qu'elles ont l'impression que tout le monde les regarde quand elles n'en portent pas. Le meilleur choix, c'est de faire ce qui vous plaît.

Les soutiens-gorge sont vendus en différentes tailles. Il existe des soutiens-gorge de préadolescentes, qui conviendront aux seins naissants. Ces soutiens-gorge sont faits d'un tissu extensible qui pourra s'ajuster même si la poitrine est presque inexistante. Les bonnets (les parties qui recouvrent les seins) des autres soutiens-gorge ont des tailles différentes. Les bonnets les plus petits sont les triple A (AAA) ou les double A (AA). Viennent ensuite les bonnets A, B, C, D, E et les très gros bonnets double E. Les soutiens-gorge sont aussi fabriqués en fonction des différents tours de poitrine, de 70 cm jusqu'à 110 cm ou plus. Pour connaître votre tour de poitrine, il suffit de la mesurer, juste au-dessous des seins (Illustration 14). Si votre poitrine mesure 75 cm, il vous faudra un soutien-gorge de 75 cm. Si vos seins commencent à peine à se développer, vous choisirez des bonnets AAA ou AA ; vous demanderez donc un soutien-gorge de 75 cm AAA ou AA. Vous trouverez des soutiens-gorge dans tous les grands magasins et les vendeuses pourront vous aider à choisir un modèle du style et de la taille qui vous convient.

Vous avez sans doute entendu parler des soutiens-gorge rembourrés et des faux seins. L'intérieur des bonnets des soutiens-gorge rembourrés sont couverts de coton ou de caoutchouc-mousse. Lorsqu'on les

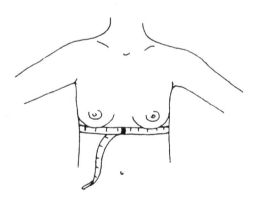

Illustration 14: Mesure pour le choix d'un soutien-gorge. Pour déterminer la mesure du soutien-gorge, utilisez un galon pour mesurer votre tour de poitrine de la manière indiquée.

94

porte, nos seins donnent l'impression d'être plus gros qu'ils ne le sont en réalité. Les faux seins sont tout simplement des coussins que l'on place dans les bonnets du soutien-gorge pour obtenir le même résultat.

La taille des seins

Quand j'étais une jeune fille, durant le cours d'éducation physique, nous faisions un exercice qui consistait à placer les bras repliés à la hauteur des épaules, puis à bouger les coudes vers l'arrière et vers l'avant. Au cours de l'exercice, nous chantions :

> *Nous devons, nous devons,*
> *Nous devons faire grossir nos seins.*
> *C'est mieux, c'est mieux,*
> *C'est mieux pour nos chandails.*
> *Nous pouvons, nous pouvons,*
> *Nous pouvons en avoir des gros.*

J'espère que les jeunes filles d'aujourd'hui n'ont plus à faire cet exercice pendant leur cours d'éducation physique. Ce n'est pas que l'exercice lui-même soit mauvais ; il est très efficace pour raffermir et tonifier les muscles de la poitrine. Il n'a cependant aucun effet sur la taille des seins. Les seins sont composés de glandes et de tissus adipeux et aucun exercice ne peut les faire grossir. En faisant fréquemment l'exercice décrit ci-dessus, les muscles qui se trouvent sous les seins pourront toutefois prendre du volume et augmenter ainsi que le tour de la poitrine.

Ce n'est pas contre l'exercice que j'en ai, mais plutôt contre la chanson qui l'accompagnait et qui laissait entendre que les grosses poitrines sont meilleures ou plus belles que les petites. Tous les seins, quelle que soit leur taille, apportent les mêmes sensations de plaisir lorsqu'ils sont caressés. Les petits seins sont tout aussi efficaces pour allaiter que les gros. Cependant, avec toutes ces poitrines plantureuses que l'on voit dans les magazines ou à la télévision, il est facile de s'imaginer qu'il faut avoir de gros seins pour être sexy ou féminine. Malgré tout ce battage publicitaire, plusieurs personnes estiment que les petites poitrines sont au moins aussi séduisantes que les grosses. De toute façon, si quelqu'un ne vous aime que pour vos seins, il n'en vaut sans doute pas la peine.

Cela dit, nous vivons quand même dans une société qui est obsédée par les seins. Certaines femmes sont gênées par leur petite poitrine; c'est pourquoi il existe des soutiens-gorge rembourrés et des faux seins. Si vous croyez qu'un soutien-gorge rembourré ou des faux seins peuvent vous aider, vous en trouverez dans les grands magasins au rayon des soutiens-gorge. Les femmes qui ont la poitrine forte peuvent aussi avoir des problèmes. Certaines ont les seins si gros que cela affecte leur posture et entraîne des maux de dos. Il peut aussi être plutôt gênant d'avoir une très grosse poitrine. Si vous avez un tel problème, il est bon de savoir que des interventions chirurgicales sont pratiquées pour réduire la taille des seins. On ne peut toutefois faire appel à la chirurgie, que ce soit pour réduire ou augmenter la taille des seins, avant que la poitrine ait atteint sa maturité. En effet, l'intervention pourrait nuire au développement normal des seins qui ne sont pas encore complètement formés.

Que votre poitrine soit forte, petite ou de taille moyenne, il est cependant capital que vous appreniez à faire vous-même l'examen de vos seins.

L'auto-examen des seins

L'auto-examen des seins consiste à y rechercher des bosses ou des masses irrégulières qui pourraient être des signes d'un cancer du sein.

Toutes les bosses que l'on sent dans un sein ne sont pas des signes d'un cancer. En réalité, la grande majorité des bosses que les femmes découvrent dans leurs seins ne sont pas cancéreuses. Toutefois, comme les bosses sont généralement le premier signe d'un cancer du sein, il est sage d'examiner régulièrement ses seins et de consulter un médecin dès qu'on y découvre une bosse.

Une Américaine sur quarante est touchée par le cancer du sein. Dans certains cas, le cancer peut être guéri en enlevant simplement la tumeur (la bosse). Dans d'autres cas, il faut enlever le sein au complet. Il arrive aussi que le cancer ne puisse être guéri et qu'il conduise à la mort. Si le cancer du sein est détecté lorsque la tumeur est encore petite, les chances de guérison sont considérablement accrues. C'est pourquoi l'auto-examen des seins est si important. En examinant ses seins chaque mois, il sera plus facile pour une femme de détecter une tumeur avant que la maladie ne soit devenue incurable.

L'auto-examen des seins n'est pas vraiment important pour les adolescentes, car le cancer du sein ne frappe généralement pas à cet âge. Il existe quelques cas de jeunes femmes ayant souffert du cancer du sein, mais ils sont très rares. Les médecins recommandent aux femmes d'examiner leurs seins à partir de l'âge de 25 ans, car les cas de cancer du sein sont très rares avant cet âge.

Nous recommandons toutefois que les jeunes filles commencent à examiner leurs seins dès leur première menstruation, et cela pour deux raisons. D'abord, en commençant dès l'adolescence, il vous sera plus facile d'en prendre l'habitude. De plus, en examinant vos seins régulièrement, vous encouragerez peut-être votre mère ou vos sœurs aînées à en faire autant. Trop de femmes négligent ce moyen de prévention essentiel. Vous pourrez ainsi leur donner l'exemple. Pourquoi ne commenceriez-vous pas à examiner vos seins avec votre mère de la manière décrite ci-après ?

L'auto-examen des seins doit être effectué à peu près une fois par mois, idéalement juste après la fin de la menstruation. Les seins de certaines femmes ont tendance à avoir des bosses avant ou pendant la menstruation, à cause d'un léger gonflement des tissus et des canaux galactophores. Si c'est votre cas, vous constaterez qu'il est beaucoup plus facile de procéder à l'examen des seins après cette période.

L'auto-examen des seins doit être fait dans une atmosphère de détente et non lorsque vous êtes pressée. L'examen compte deux parties distinctes : l'*examen visuel* et l'*examen tactile*.

L'examen visuel (Illustration 15)

Pour commencer, placez-vous devant une glace bien éclairée, les bras pendants de chaque côté, et regardez bien vos seins, de face et de profil. Vérifiez si vous y voyez des dépressions, des bosses, des grains de beauté, des fossettes, des rougeurs, des gonflements, des irritations ou des endroits où la peau est rugueuse comme celle d'une orange.

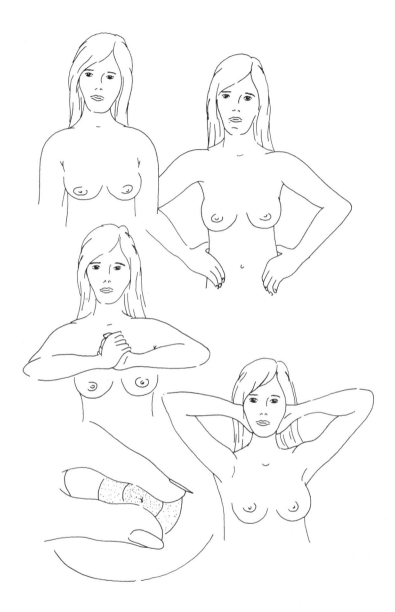

Illustration 15 : L'examen visuel des seins. Devant une glace, observez vos seins dans chacune des quatre positions illustrées. Comprimez enfin chaque mamelon pour observer tout écoulement.

Observez bien les mamelons, les aréoles et la peau des seins. Si vous observez l'un de ces symptômes, gardez-le à l'œil et s'il n'est pas disparu après deux semaines, consultez un médecin. À votre âge, il est peu probable qu'il s'agisse d'un symptôme du cancer, mais il se peut que vous ayez un problème qui exige des soins médicaux.

Mettez ensuite les mains sur les hanches et poussez vers le bas afin de contracter les muscles de la poitrine. Vérifiez si des bosses ou des fossettes apparaissent lorsque vos muscles sont contractés. Il arrive que des bosses qui ne sont pas visibles dans la première position deviennent apparentes lorsque les muscles sont contractés. Toujours avec les mains sur les hanches, tournez-vous de côté pour observer vos seins de profil.

Joignez ensuite les mains devant le haut de la poitrine en appuyant les paumes l'une contre l'autre; vérifiez si les muscles se contractent uniformément et recherchez les bosses ou les fossettes. Observez vos seins de profil dans la même position. Si votre poitrine est forte et tombante, vous devrez soulever chaque sein pour en examiner le dessous.

Placez ensuite les mains derrière la tête. Examinez encore une fois vos seins à la recherche des mêmes symptômes.

Pour compléter l'examen visuel, comprimez légèrement chaque mamelon pour voir s'il en sort du liquide. L'écoulement des mamelons n'est pas nécessairement le signe que quelque chose ne va pas. Cependant, si l'écoulement est abondant, s'il est d'une teinte foncée ou s'il s'y trouve du pus, il est recommandé de consulter un médecin.

L'examen tactile *(Illustration 16)*

L'examen tactile se fait en position couchée parce que les seins sont alors plus étendus et qu'il est plus facile d'y détecter des bosses. Utilisez de la lotion ou de l'huile pour rendre vos doigts plus sensibles.

Pliez d'abord un bras et placez la main derrière la tête. Avec la partie charnue plutôt qu'avec la pointe des doigts, tâtez le sein de l'extérieur vers l'intérieur dans un mouvement circulaire. Appuyez fermement les doigts contre la poitrine. Examinez également la partie de la poitrine qui se trouve au-dessus du sein

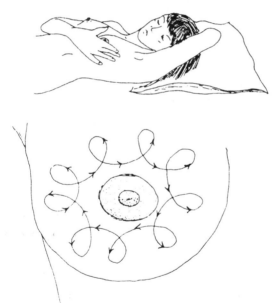

Illustration 16 : L'examen tactile des seins.
Couchez-vous sur le dos et placez une main sous la tête. Avec l'autre main, tâtez le sein de l'extérieur vers l'intérieur dans un mouvement circulaire. Procédez de la même façon pour examiner l'autre sein.

101

ainsi que l'aisselle. Procédez de la même façon pour examiner l'autre sein.

Ce que vos doigts recherchent, c'est une bosse ou un épaississement des tissus du sein, de la poitrine ou de l'aisselle. Cela peut sembler facile, mais ce n'est pas aussi simple que l'on croit. Tout d'abord, c'est un peu comme rechercher une bille dans un sac de gélatine. Chaque fois qu'on appuie près d'une bosse, elle s'éloigne. Il vous faudra peut-être utiliser les deux mains pour supporter votre sein pendant que vous le tâtez. Ce qui rend également l'examen difficile, c'est que plusieurs femmes ont des bosses normales dans leurs seins. Il est très facile de prendre un canal galactophore, une côte, le sternum ou un muscle pour une tumeur. Avec le temps, néanmoins, vous parviendrez à faire la différence entre les bosses qui sont normales et celles qui ne le sont pas.

Si vous découvrez des bosses, des rougeurs, des gonflements ou un écoulement inhabituel des mamelons, si un mamelon devient soudainement inversé ou si un mamelon inversé ressort de l'aréole, *ne vous affolez surtout pas*. N'oubliez pas que le cancer du sein est extrêmement rare chez les jeunes femmes. Cependant, il existe plusieurs autres maladies pouvant affecter la poitrine d'une jeune fille. Donc, si les symptômes persistent plus de deux semaines, consultez un médecin.

Chapitre 5
Les transformations de la vulve

Les organes génitaux externes de la femme, qu'on désigne généralement par le mot «vulve», se transforment eux aussi au cours de la puberté. Les différentes parties de la vulve peuvent aisément être examinées en tenant un miroir entre les jambes de la manière indiquée à l'illustration 17. Les autres dessins de l'illustration 17 montrent l'aspect de la vulve pendant l'enfance, à la puberté et à l'âge adulte.

La meilleure façon de bien connaître ces organes et de voir à quel point ils se transforment au cours de la puberté consiste à les observer avec un miroir et à les comparer aux dessins de l'illustration. Chaque corps ayant ses caractéristiques, vous constaterez sans doute que le vôtre ne ressemble à aucun de ces

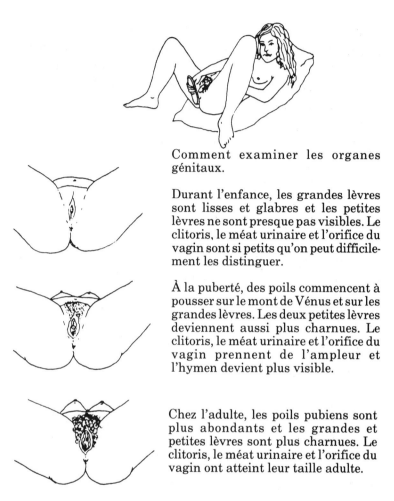

Comment examiner les organes
génitaux.

Durant l'enfance, les grandes lèvres
sont lisses et glabres et les petites
lèvres ne sont presque pas visibles. Le
clitoris, le méat urinaire et l'orifice du
vagin sont si petits qu'on peut difficilement les distinguer.

À la puberté, des poils commencent à
pousser sur le mont de Vénus et sur les
grandes lèvres. Les deux petites lèvres
deviennent aussi plus charnues. Le
clitoris, le méat urinaire et l'orifice du
vagin prennent de l'ampleur et
l'hymen devient plus visible.

Chez l'adulte, les poils pubiens sont
plus abondants et les grandes et
petites lèvres sont plus charnues. Le
clitoris, le méat urinaire et l'orifice du
vagin ont atteint leur taille adulte.

Illustration 17 : L'examen des organes génitaux

dessins. Néanmoins, lorsque vous regardez le dessin
d'un visage, vous pouvez quand même identifier les
yeux, le nez et la bouche et les comparer aux vôtres,
même si le visage du dessin ne ressemble pas au
vôtre. De la même façon, vous pouvez regarder le
dessin d'une vulve et comparer ses différentes

104

parties avec celles de votre vulve. Bien sûr, nous sommes plus habituées à regarder des visages que des vulves, mais avec un peu de pratique, vous parviendrez à identifier les parties de la vulve aussi facilement que vous trouvez le nez au milieu du visage.

Certaines personnes sont emballées à l'idée d'examiner ces organes, de les toucher et d'apprendre leurs noms. Comme l'affirmait une de mes élèves :

> J'ai examiné mes organes génitaux plusieurs fois. Ma mère m'a donné un miroir pour que je m'examine et m'a montré sa vulve pour que je sache de quoi j'aurais l'air en devenant adulte. Elle m'a appris les noms de toutes les parties.

D'autres jeunes filles ne sont pas aussi à leur aise à l'idée d'examiner ou de toucher leurs organes génitaux. Une de mes élèves me confiait :

> J'ai trouvé l'idée plutôt bizarre, mais je suis curieuse. Je me suis enfermée dans ma chambre, j'ai pris un miroir et je me suis bien observée. Je suis heureuse de l'avoir fait. Maintenant, j'ai l'impression de mieux me connaître et j'ai compris que ce n'était pas un grand mystère.

Une autre de mes élèves était bien plus catégorique :

> Pouah ! C'est dégoûtant. Je ne ferai jamais ça. C'est sale ces parties-là !

On avait appris à cette jeune fille que ses organes génitaux étaient laids et sales et qu'il était honteux de vouloir les toucher ou les regarder. Même si personne ne vous a dit que vos organes génitaux sont sales ou laids, il se peut que vous éprouviez de la gêne à les examiner. On ne parle pas très souvent des organes génitaux et, comme chacun sait, les sujets que l'on évite sont facilement soupçonnés d'être des sujets sales et honteux.

Il n'y a pourtant rien de mal dans cette partie de votre corps. Les gens sont embarrassés parce qu'il s'agit d'organes sexuels et que tout ce qui touche au sexe les embarrasse. Certaines personnes croient que ces parties de notre corps sont sales parce que c'est là que se trouvent les orifices par lesquels sortent l'urine et les matières fécales. En réalité, cette région de notre corps n'est pas plus sale que l'intérieur de notre bouche. Il y a même plus de microbes dans notre bouche que dans nos organes génitaux.

Les pages qui suivent présentent les différentes parties de la vulve et expliquent les transformations que subissent les organes génitaux au cours de la puberté. Si vous hésitez à examiner vos organes génitaux et à les toucher, c'est très bien. Lisez simplement les pages suivantes et observez bien les illustrations. Nous ne voudrions pas vous forcer à faire quelque chose qui vous met mal à l'aise. Nous croyons cependant qu'il peut être utile que vous regardiez votre vulve pour y trouver les différentes parties décrites ci-après. Vous voudrez peut-être le faire seule, avec une amie ou avec votre mère. Faites ce qui vous semble le plus correct.

Le mont de Vénus

Commençons par le haut de la vulve : le mont de Vénus. Vous vous souviendrez que le mont de Vénus est constitué d'une couche de tissus adipeux recouvrant l'os du pubis. C'est sur le mont de Vénus que les premiers poils du pubis apparaissent à la puberté. Chez la femme adulte, le mont de Vénus est recouvert de ces poils bouclés.

En plus de se couvrir progressivement de poils, le mont de Vénus devient plus charnu et plus protubérant au cours de la puberté. C'est tout simplement que la couche de tissus adipeux devient plus épaisse.

Les grandes lèvres

La partie inférieure du mont de Vénus se sépare en deux replis de peau; c'est ce qu'on appelle les grandes lèvres.

Chez les très jeunes filles, les grandes lèvres peuvent être complètement glabres ou compter quelques poils de teinte pâle. À la puberté, des poils commencent à pousser sur les grandes lèvres.

Chez les très jeunes filles, les grandes lèvres sont très souvent séparées et ne se touchent pas. À la puberté, les grandes lèvres deviennent plus charnues et commencent généralement à se toucher entre elles. Chez la femme adulte, les grandes lèvres se touchent généralement, mais il arrive qu'après un accouchement elles soient de nouveau séparées. Chez les femmes très âgées, les grandes lèvres s'amincissent et deviennent moins charnues au point de ne plus se toucher.

Alors que les grandes lèvres sont très lisses durant l'enfance, elles commencent à se rider à la puberté. Chez la femme adulte, les grandes lèvres sont plutôt ridées. Avec la vieillesse, il est fréquent que les grandes lèvres redeviennent lisses.

Les grandes lèvres ont pour fonction de protéger les organes qu'elles recouvrent. La face interne des lèvres est glabre, aussi bien chez les femmes adultes que chez les très jeunes filles. Durant l'enfance, la face interne des grandes lèvres est lisse ; à la puberté, il y apparaîtra de petites excroissances. Il s'agit de glandes qui ont pour fonction de sécréter des huiles destinées à maintenir l'humidité et à prévenir les irritations. Au cours de la puberté, vous aurez peut-être l'impression d'être mouillée à cet endroit à cause des huiles sécrétées par ces glandes. Vous remarquerez peut-être également que cette partie de votre corps dégage une odeur différente. Cela est également causé par les huiles produites par les glandes des grandes lèvres.

Selon votre teint, les grandes lèvres auront durant l'enfance une teinte rosée, rougeâtre ou marron. Cette couleur pourra devenir plus pâle ou plus foncée au cours de la puberté.

Les petites lèvres

En écartant les grandes lèvres, vous découvrirez deux replis de peau que l'on appelle les petites lèvres. Au cours de l'enfance, les petites lèvres sont difficiles à distinguer ; à la puberté, elles deviennent plus charnues et plus apparentes. Tout comme les grandes lèvres, les petites lèvres protègent les organes qu'elles recouvrent ; elles peuvent également changer de teinte et se rider au cours de la puberté.

Comme on peut le voir à l'illustration 18, les petites lèvres peuvent avoir un aspect très différent chez différentes femmes. La plupart du temps, les petites lèvres sont plus petites que les grandes lèvres,

Illustration 18 : Les petites lèvres. Les petites lèvres présentent un aspect différent chez différentes femmes.

mais il arrive qu'elles dépassent à l'extérieur. Les deux petites lèvres ont habituellement à peu près la même taille, mais il peut se produire que l'une d'elles soit plus grosse que l'autre.

Les petites lèvres sont tout à fait glabres chez les femmes adultes comme chez les petites filles. Avec l'âge, les petites lèvres deviennent elles aussi plus humides à cause des glandes qui sécrètent des huiles à partir de la puberté.

Le clitoris

En remontant les petites lèvres jusqu'au mont de Vénus, vous découvrirez qu'elles se rejoignent à leur sommet. Près de leur point de rencontre se trouve le clitoris. Chez la femme adulte, le clitoris a à peu près la taille de la gomme à effacer que l'on trouve sur le bout des crayons. Les petites lèvres ne se rejoignent pas de la même manière chez toutes les femmes. Chez certaines, les petites lèvres forment une sorte de voûte qui surplombe le clitoris. Chez d'autres, le clitoris ressort partiellement ou entièrement du point de rencontre des petites lèvres. Lorsqu'une femme éprouve du désir, son clitoris se gonfle et augmente de taille pour un certain temps. Au cours de la puberté, le clitoris augmente de taille d'une façon définitive.

Il vous faudra peut-être soulever ou écarter les petites lèvres afin de distinguer votre clitoris. Même alors, vous n'en verrez peut-être que le bout; une bonne partie du clitoris reste en effet enfoncé dans les replis de la peau. En appuyant le doigt contre la peau qui se trouve au-dessus du clitoris, vous sentirez comme un cordon caoutchouteux: c'est la tige du clitoris.

La masturbation

La région du clitoris est une région très sensible de votre corps. Si vous y touchez, vous serez peut-être excitée sexuellement. Lorsque l'on touche, frotte, frappe ou comprime cette partie de notre corps afin

110

d'éprouver une telle sensation, on se *masturbe*. En termes populaires, on dit également que l'on «se branle» ou que l'on «joue avec son corps».

Lorsqu'elles se masturbent, certaines personnes deviennent si excitées qu'elles en ont une sorte de frisson qu'on appelle *orgasme*. On désigne également le fait d'avoir un orgasme par les verbes «venir» ou «jouir». Il est difficile de décrire avec précision à quoi ressemble un orgasme et il est probable que la sensation soit différente chez chacune. Cependant, de manière générale, les gens s'accordent pour dire que c'est une sensation agréable.

Tout le monde ne se masturbe pas, mais la plupart des gens le font à un moment ou à un autre. Certaines femmes commencent à se masturber dès l'enfance et continuent pendant toute leur vie. Certaines commencent à la puberté et d'autres, à l'âge adulte. D'autres, enfin, ne se masturbent jamais. Il est tout aussi normal de se masturber que de ne pas le faire.

On vous a peut-être raconté toutes sortes de choses étranges en rapport avec la masturbation. Certaines personnes ont déjà cru que la masturbation pouvait rendre fou, débile ou aveugle. Si c'était vrai, le monde serait peuplé de débiles aveugles. On vous a peut-être dit que la masturbation pouvait causer l'apparition de poils dans la paume des mains ou de verrues sur le visage ; c'est tout aussi faux. Vous avez peut-être entendu dire que la masturbation avait pour effet de rendre les relations sexuelles à deux moins intéressantes ; encore une fois, c'est faux. En réalité, la masturbation est une façon de se préparer à la vie sexuelle adulte. En apprenant d'abord à vous faire jouir vous-même, vous aurez plus de facilité à éprouver du plaisir en faisant l'amour.

Mes élèves me demandent souvent si la masturbation «excessive» peut être dommageable. La réponse est «non». Votre corps ne peut pas souffrir d'un excès de masturbation. La masturbation est tout à fait inoffensive. Vos organes génitaux pourront tout au plus devenir irrités si vous les masturbez ou les frottez trop souvent. Certaines personnes se masturbent chaque jour et même plusieurs fois par jour. D'autres ne se masturbent que rarement ou même jamais. Il faut vous rappeler qu'il est tout aussi normal de le faire que de ne pas le faire.

Certaines personnes aiment à imaginer des choses qui les excitent pendant qu'elles se masturbent. C'est ce qui s'appelle avoir des fantaisies sexuelles ou fantasmes. Nous avons des fantaisies de toutes sortes et lorsque nos fantaisies se rapportent au sexe, on les qualifie de «sexuelles». Les fantaisies constituent une façon riche et variée de faire l'apprentissage de sa sexualité. C'est tout à fait normal. Détendez-vous donc et profitez-en. Après cette parenthèse sur la masturbation et les fantaisies sexuelles, retournons à la description des différentes parties de la vulve.

Le méat urinaire

En droite ligne sous le clitoris se trouve le méat urinaire. L'urine est une substance qui est fabriquée par notre organisme. Ce que nous mangeons et ce que nous buvons est transformé par notre système digestif afin d'être utilisé par notre corps. Tout ce que nous consommons ne peut pas être utilisé par notre organisme. Après la digestion, une partie des restes des aliments consommés se présente sous la forme d'un liquide clair et jaunâtre que l'on nomme urine. L'urine s'accumule dans un organe en forme de sac ou de ballon qui s'appelle la *vessie*. Au bas de la vessie se trouve un conduit permettant d'évacuer l'urine de l'organisme. Le méat urinaire est l'orifice extérieur de ce conduit. Lorsque notre vessie est pleine, nos muscles se contractent, le méat urinaire s'ouvre et l'urine est évacuée.

Vous aurez peut-être du mal à distinguer votre méat urinaire. En descendant en ligne droite à partir du clitoris, la première fossette que vous verrez correspondra au méat urinaire. Il pourra avoir l'aspect d'un V à l'envers. À la puberté, le méat urinaire commence à devenir plus apparent que durant l'enfance.

Si vous ne descendez pas en ligne droite à partir du clitoris, vous risquez de confondre le méat urinaire avec l'une des petites glandes qui se trouvent dans cette région. Les orifices de ces glandes forment deux petites fentes de part et d'autre du méat urinaire. Tout comme celles des grandes et des petites lèvres, ces glandes ont pour fonction de sécréter des huiles destinées à conserver l'humidité dans cette partie du corps. Chez certaines femmes, les orifices de ces glandes sont si petits qu'on ne peut les voir; chez d'autres, ils sont plus gros et peuvent être confondus avec le méat urinaire.

L'orifice du vagin

Maintenant que vous savez où se trouve le méat urinaire, vous n'aurez aucun mal à trouver l'orifice du vagin. Comme nous l'avons vu plus tôt, le vagin se trouve à l'intérieur du corps et on ne peut pas le voir. Cependant, vous pouvez en distinguer l'orifice. En descendant en ligne droite à partir du méat urinaire, vous trouverez l'orifice du vagin.

Les illustrations de l'orifice du vagin peuvent prêter à confusion, car il peut alors apparaître comme un trou noir et béant. Il n'en est rien. Le vagin lui-même a la forme d'un sac. Chez les très jeunes filles, le vagin est petit. À la puberté, il commence à grossir et, à l'âge adulte, il peut atteindre entre quatre et cinq pouces de longueur. Le vagin est cependant comme un ballon pouvant s'étirer et multiplier plusieurs fois sa taille. C'est ainsi que le vagin peut s'adapter à la taille du pénis lors des relations sexuelles et qu'il peut laisser le passage au bébé lors d'un accouchement.

La plupart du temps, les parois internes du vagin se touchent. Si vous regardiez l'orifice d'un ballon dégonflé, vous n'y verriez aucun espace libre; vous ne verriez que les parois intérieures qui se touchent. On peut dire la même chose du vagin. Lorsqu'on regarde son orifice, on ne voit pas un trou, mais plutôt les parois internes qui se touchent.

L'hymen

L'orifice du vagin pourra être fermé par une peau très mince se trouvant immédiatement à l'intérieur que l'on nomme *hymen*. On désigne souvent l'hymen par les termes « cerise » ou « virginité ». L'aspect de l'hymen peut être très différent d'une femme à l'autre. Il peut s'agir d'une mince frange de peau entourant l'orifice du vagin. Il peut également

114

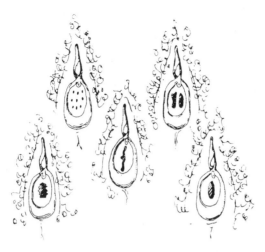

Illustration 19 : L'hymen. L'hymen peut compter une ou deux grosses perforations ou plusieurs petites.

fermer l'orifice et compter un certain nombre de perforations. L'illustration 19 montre quelques types d'hymen.

Chez les petites filles, l'hymen n'est pas très visible. À la puberté, il devient habituellement plus épais, plus rigide et plus apparent. Toutes les jeunes filles n'ont cependant pas un hymen ; certaines sont nées sans hymen. Chez d'autres, l'hymen est si déchiré ou étiré qu'on peut difficilement le distinguer.

Aussi bizarre que cela puisse paraître, certaines femmes ont déjà cru que ce petit morceau de peau avait une *très très* grande importance. Les gens croyaient que toutes les femmes avaient un hymen qui fermait l'orifice du vagin et qui ne comptait que quelques perforations. Ils croyaient également que si l'hymen d'une femme était étiré ou déchiré, c'était parce qu'elle avait fait l'amour avec un homme. Nous savons aujourd'hui que cela est faux. Toutes les femmes n'ont pas un hymen qui ferme l'orifice du vagin. Certaines femmes ont un hymen si petit qu'on peut à peine le distinguer. De plus, l'hymen peut être étiré ou déchiré de bien des façons : en pratiquant l'équitation, en faisant le grand écart ou en tombant de bicyclette. L'état de l'hymen n'a donc rien à voir avec les relations sexuelles. En réalité, une femme peut même faire l'amour avec un homme sans que son hymen soit étiré ou déchiré.

Autrefois, les gens croyaient que si l'hymen d'une femme était déchiré ou étiré cela signifiait qu'elle n'était pas vierge. Une vierge est une femme qui n'a jamais fait l'amour. Les gens croyaient également qu'une femme devait rester vierge jusqu'à son mariage. Plusieurs personnes pensent encore ainsi, mais à cette époque une femme pouvait avoir de sérieux ennuis si elle n'était pas vierge à son mariage. Dans certains pays, elle pouvait même être condamnée à mort. Ailleurs, la jeune fille devait subir un examen avant le mariage. Si l'examen révélait que l'hymen n'était pas en bon état, le mariage pouvait être annulé. Dans d'autres pays, la nouvelle mariée devait suspendre ses draps à l'extérieur au lendemain de la nuit de noces. Comme on présumait que la nuit de noces était le moment où la jeune femme faisait l'amour pour la première fois et que la rupture de l'hymen devait provoquer un saignement, le fait de suspendre des draps tachés de sang constituait une preuve de virginité.

Imaginez tous les ennuis que de tels préjugés pouvaient causer aux jeunes filles étant nées sans hymen ou avec un hymen presque invisible, ou encore dont l'hymen s'était déchiré pour une raison ou pour une autre. Certaines d'entre elles ont été mises à mort et d'autres ont du rester célibataires ou subir la disgrâce. Bien plus, l'hymen ne saigne pas toujours abondamment lorsqu'il est déchiré ou étiré. Même les femmes qui avaient la chance d'avoir un hymen du bon modèle pouvaient donc ne pas avoir de draps tachés de sang à montrer. L'histoire regorge d'anecdotes selon lesquelles des femmes plus malines que les autres versaient un peu du sang d'un animal sur leurs draps pour en mettre plein la vue du voisinage. Aujourd'hui, tout cela nous semble un bien grand mélodrame pour un petit bout de peau.

La plupart des gens ont changé d'attitude face à l'hymen. Cependant, dans certaines parties du monde, ces vieilles conceptions ont toujours cours et il est possible que vous ayez entendu raconter des histoires à ce sujet. Si c'est le cas, ignorez-les. L'hymen n'a absolument rien à voir avec le fait d'avoir eu des relations sexuelles. Ni un médecin, ni toute autre personne, ne peut déterminer à l'examen de votre corps si vous avez déjà fait l'amour ou non.

Si votre hymen s'étire ou se déchire — que ce soit en faisant du sport ou en faisant l'amour —, il pourra saigner un peu, beaucoup ou pas du tout. Cela pourra également vous faire mal un peu, beaucoup ou pas du tout. Si la douleur est forte ou si le saignement est très abondant, vous devriez consulter un médecin. Il est toutefois très rare que la rupture de l'hymen provoque un saignement ou une douleur rendant l'intervention d'un médecin nécessaire. La plupart des femmes n'ont rien senti et n'ont constaté aucun saignement lorsque leur hymen s'est déchiré ou s'est étiré.

L'anus

Bien qu'il ne s'agisse pas d'un organe génital, l'anus est un autre orifice qui se trouve dans la même région. En termes vulgaires, on désigne habituellement l'anus comme le « trou de cul ».

En poursuivant votre examen vers le bas à partir de l'orifice du vagin, vous découvrirez l'anus. L'anus constitue l'orifice externe du gros intestin, ce long tube replié à l'intérieur de notre ventre.

Vous vous souvenez de ce que nous avons vu plus tôt au sujet de la digestion et de l'évacuation de l'urine ? En plus de l'urine qui est liquide, il y a également des résidus solides de la digestion, que l'on nomme *matières fécales*. On désigne habituellement ces matières fécales par les termes populaires « merde » ou « caca ». Les matières fécales passent par les intestins et sont évacuées par l'anus lorsque nous allons aux toilettes.

La peau qui entoure l'anus, tout comme la peau des grandes et des petites lèvres, pourra devenir plus foncée au cours de la puberté. Il se peut également que des poils poussent autour de l'anus pendant cette période.

Cela complète la revue de tous les organes génitaux externes de la femme. Nous verrons dans le prochain chapitre que d'autres changements très importants se produisent aussi à l'intérieur du corps.

Chapitre **6**
Les transformations des organes reproducteurs

Les changements que vous pouvez observer sur votre corps à la puberté — comme le développement des seins, la croissance des poils du pubis et les transformations de la vulve — sont causés par des modifications encore plus importantes qui se produisent à l'intérieur du corps. Pour bien comprendre la puberté et le cycle menstruel, vous devez au moins avoir une petite idée de ce qui se passe dans votre corps.

Vue en coupe des organes reproducteurs chez une jeune fille

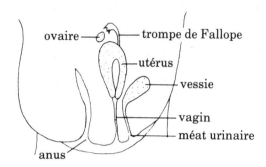

Vue en coupe des organes reproducteurs chez une femme adulte

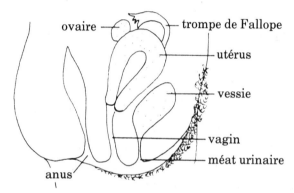

Illustration 20 : Vue en coupe des organes reproducteurs. Les organes reproducteurs se transforment avec l'âge : ils deviennent plus gros et ils changent de position. Vous remarquerez que l'utérus est presque vertical chez la jeune fille alors qu'il penche vers l'avant chez la femme adulte.

Les organes reproducteurs

Si nous avons des organes génitaux à l'extérieur de notre corps, nous en avons aussi à l'intérieur. Les organes génitaux internes s'appellent aussi *organes reproducteurs*, parce qu'ils jouent un rôle primordial dans la reproduction. L'illustration 20 présente une vue en coupe des organes reproducteurs — le vagin, l'utérus, les trompes de Fallope et les ovaires — chez la jeune fille et chez la femme adulte. Comme l'indiquent ces dessins, nos organes reproducteurs se transforment eux aussi à la puberté. Ce sont ces transformations que nous étudierons dans le présent chapitre.

Le vagin

Au chapitre précédent, nous avons vu où se trouvait l'orifice du vagin. Nous y avons également appris que le vagin se trouvait à l'intérieur du corps. Le vagin ressemble à un sac très élastique tourné à l'envers qui peut s'adapter à la pénétration d'un pénis. Son élasticité est telle qu'il peut laisser le passage au bébé venant de l'utérus lors de l'accouchement. La plupart du temps cependant, le vagin ressemble à un ballon dégonflé dont les parois intérieures sont collées les unes sur les autres.

Le vagin, comme tous les autres organes de notre corps, se développe au cours de l'enfance. Et, comme plusieurs autres parties de notre corps, il connaît une croissance accélérée au cours de la puberté. Il s'allonge alors rapidement pour atteindre sa longueur définitive de quatre à cinq pouces.

Si vous introduisez le doigt dans votre vagin, vous sentirez que ses parois molles et pulpeuses se touchent.

Il vous semblera peut-être étrange de vous introduire un doigt dans le vagin. Plusieurs jeunes filles et plusieurs femmes craignent de se faire mal ou de se blesser en faisant une telle chose. Il n'y a pourtant là rien de mystérieux ou de fragile. Il n'est pas plus dangereux de se mettre un doigt dans le vagin que de le mettre dans la bouche. Il se peut toutefois que l'hymen et l'orifice du vagin soient serrés et que le passage du doigt provoque un certain inconfort, surtout si vous êtes nerveuse à l'idée de vous livrer à un tel examen. La règle à suivre est très simple : si cela fait trop mal, ne le faites pas. Si l'orifice de votre vagin est si serré que vous ne pouvez guère y glisser un doigt, vous pourrez l'étirer graduellement sur une période de quelques semaines ou de quelques mois. En passant le doigt de temps à autre autour de l'orifice du vagin, par exemple lorsque vous prenez un bain chaud, vous pourrez l'agrandir progressivement.

En appuyant le doigt vers le haut, juste à l'entrée du vagin, vous sentirez la présence d'un os couvert d'une couche de tissus adipeux. Cela fera peut-être un peu mal, car l'urètre se trouve juste sous cette couche de tissus. En appuyant ainsi vers le haut vous aurez peut-être envie d'uriner. En effet, la vessie se trouve près de cet endroit et la moindre pression exercée sur cet organe peut entraîner une envie d'uriner (Illustration 21).

En appuyant le doigt vers le bas, vous sentirez peut-être des bosses. Comme la partie inférieure de l'intestin passe immédiatement derrière le vagin, ces bosses seront tout simplement causées par la présence de matières fécales.

Si vous enfoncez le doigt plus profondément dans le vagin pour appuyer sur ses parois, vous découvrirez que seul le premier tiers du vagin est sensible au toucher. La partie supérieure du vagin est moins sensible parce qu'il s'y trouve moins de terminaisons nerveuses.

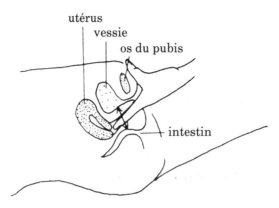

Illustration 21 : Le vagin. En appuyant le doigt vers le haut, vous pourrez sentir l'os du pubis et l'urètre (le canal qui conduit l'urine vers le méat urinaire). En appuyant vers le bas, vous pourrez sentir les bosses formées par les matières fécales dans les intestins.

Le col utérin

Au fond du vagin, vous serez peut-être capable de sentir un anneau plus ferme. Il s'agit du *col utérin*, la partie inférieure de l'utérus, qui fait saillie dans le vagin (Illustration 22). Tout comme le vagin, le col utérin grossit pendant la puberté. Chez la femme adulte, il mesure entre 2,5 et 5 centimètres de diamètre.

Il n'est pas toujours facile de sentir le col utérin, car il se trouve tout au fond du vagin. En vous accroupissant comme pour aller à la selle, il vous sera plus facile de le toucher. Le col utérin a une consistance plutôt ferme, un peu comme le bout du nez. Vous pourrez également sentir une petite dépression ou un trou au centre du col utérin. Il s'agit là de l'ouverture du canal qui conduit du vagin au

123

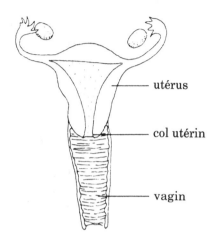

utérus

col utérin

vagin

Illustration 22 : Le col utérin. Le col utérin est la partie inférieure de l'utérus qui fait saillie dans le vagin.

corps de l'utérus. Cette ouverture n'est pas plus grosse que la tête d'une allumette en bois. C'est à travers cette ouverture que les spermatozoïdes passent pour aller à la rencontre de l'ovule. C'est également par cette ouverture que le flot menstruel se rend chaque mois de l'utérus au vagin. Lors de l'accouchement, le col utérin — tout comme le vagin — s'étire pour laisser le passage au bébé.

Le col utérin et les parois vaginales pourront vous sembler humides, surtout lorsque vous éprouvez du désir. En effet, il s'y trouve des glandes qui ont pour fonction de lubrifier le vagin lors d'une excitation sexuelle. Tout comme la peau qui couvre votre corps, les tissus vaginaux se débarrassent continuellement de leurs cellules mortes. À la puberté, les parois vaginales doivent se débarrasser d'un plus grand nombre de cellules mortes ; c'est pourquoi du liquide y est sécrété afin d'en faciliter l'évacuation. Un an ou deux avant votre première menstruation, vous remarquerez peut-être des écoulements vaginaux transparents ou de teinte laiteuse. Ces écoulements pourront laisser en séchant des taches jaunâtres sur vos sous-vêtements. Il s'agit des cellules mortes et du liquide sécrété par les parois vaginales qu'on appelle aussi pertes blanches. C'est un phénomène parfaitement normal qui indique que la puberté commence. Si toutefois ces écoulements ont une forte odeur nauséabonde, s'ils irritent la vulve, s'ils ont une teinte autre que transparente ou blanchâtre ou s'il s'y trouve des grumeaux blancs, il se peut que votre vagin soit infecté. De telles infections ne sont généralement pas graves, mais il est quand même recommandé de consulter un médecin.

Les ovaires

Les ovaires aussi grossissent pendant la puberté, mais il s'y produit une transformation beaucoup plus importante. C'est en effet à la puberté que l'un des ovaires produira le premier ovule.

Contrairement à l'homme, qui fabrique continuellement de nouvelles réserves de spermatozoïdes, la femme naît avec tous les ovules dont elle aura besoin au cours de sa vie. Il y a des centaines de milliers d'ovules dans les ovaires d'une jeune fille, mais seulement 800 ou 900 d'entre eux viendront à maturité.

La maturation de l'ovule commence dans le cerveau. Lorsqu'une jeune fille atteint l'âge d'environ huit ans, une partie de son cerveau que l'on appelle *hypophyse* commence à sécréter des *hormones*. Les hormones sont fabriquées dans une partie de notre organisme et se rendent ensuite dans une autre partie pour influencer la croissance ou le comportement d'un organe. Notre organisme fabrique des centaines d'hormones différentes. On peut devenir fou rien qu'à tenter de se souvenir de tous leurs noms. Nous nous attarderons cependant dans ce livre qu'aux seules hormones qui jouent un rôle majeur dans la reproduction et la puberté.

L'une des hormones fabriquées par l'hypophyse à la puberté a pour fonction de stimuler le fonctionnement des follicules ovariens. Au cours de la puberté, cette hormone de l'hypophyse est transportée par le sang et se rend jusqu'aux ovaires. Elle pénètre alors dans l'ovaire, jusqu'au minuscule ovule. Chaque ovule est contenu dans une petite capsule qu'on appelle follicule. L'hormone a pour effet de stimuler la croissance de ces follicules et de leurs ovules. Elle a aussi pour effet de stimuler la production d'une autre hormone, l'œstrogène, par les follicules ovariens (Illustration 23).

À la puberté, l'hypophyse d'une jeune fille produit de plus en plus d'hormones et, conséquemment, ses follicules ovariens produisent de plus en plus d'œstrogène. L'œstrogène est lui aussi transporté par le sang vers les autres parties du corps. C'est lui qui est responsable de la plupart des transformations que nous pouvons observer à la puberté. Par exemple, l'œstrogène se rend jusqu'aux seins pour y stimuler le développement des canaux galactophores et des tissus adipeux. C'est également lui qui stimule le développement de tissus adipeux sur nos hanches, nos fesses et nos cuisses, transformant ainsi notre silhouette. L'œstrogène est aussi responsable de la croissance des poils sur le pubis et ailleurs sur le corps.

126

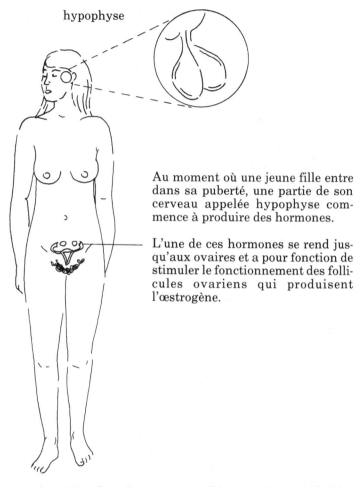

hypophyse

Au moment où une jeune fille entre dans sa puberté, une partie de son cerveau appelée hypophyse commence à produire des hormones.

L'une de ces hormones se rend jusqu'aux ovaires et a pour fonction de stimuler le fonctionnement des follicules ovariens qui produisent l'œstrogène.

Illustration 23 : Les hormones. L'œstrogène produit par les ovaires d'une jeune fille se rend partout dans l'organisme et entraîne plusieurs transformations, dont la croissance des poils pubiens, le gonflement des seins et le développement de tissus adipeux sur les hanches.

Tandis que les follicules ovariens se développent et produisent plus d'œstrogène, ils se déplacent également vers l'extérieur de l'ovaire. Lorsqu'ils

127

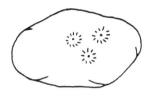

Une hormone de l'hypophyse stimule la croissance des follicules ovariens et leur production d'œstrogène.

Les follicules ovariens fabriquent de plus en plus d'œstrogène et se déplacent vers l'extérieur de l'ovaire.

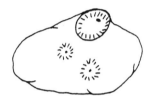

L'un des follicules atteint la paroi interne de l'ovaire et s'y appuie pour former comme une ampoule.

Lorsque la production d'œstrogène est suffisante, l'hypophyse produit une autre hormone qui stimule l'ovulation. En atteignant l'ovaire, cette hormone fait éclater le follicule et libère l'ovule.

Illustration 24 : L'ovulation

atteignent la paroi interne de l'ovaire, les follicules s'y appuient formant ainsi comme des ampoules.

Lorsque la production d'œstrogène est suffisante, l'hypophyse ralentit la sécrétion de cette hormone pour en fabriquer une autre dont la fonction est de stimuler l'ovulation. En atteignant l'ovaire, cette hormone fait éclater l'ampoule créée par le follicule et l'ovule est alors libéré. C'est ce qu'on appelle l'*ovulation*.

Bien que certaines jeunes filles éprouvent à cette occasion un léger élancement ou une vague douleur, la plupart ne se rendent même pas compte de l'ovulation. La première ovulation peut se produire aussi tôt qu'à l'âge de huit ans ou aussi tardivement qu'après l'âge de seize ans.

Après l'ovulation, le pavillon de la trompe de Fallope s'étire pour saisir l'ovule et le diriger vers l'utérus.

Les trompes de Fallope

Les trompes de Fallope, par lesquelles l'ovule se rend de l'ovaire à l'utérus, deviennent également plus longues et plus larges à la puberté. Cependant, même chez une femme adulte, elles ne sont pas plus

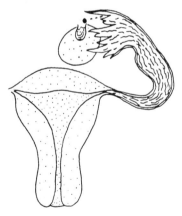

Illustration 25: L'ovule. L'ovule passe par la trompe de Fallope pour se rendre à l'utérus.

grosses qu'un spaghetti d'environ dix centimètres. Les parois internes des trompes de Fallope sont couvertes de cils reliés à des muscles. En se contractant et en se relâchant, ces muscles impriment aux cils un mouvement de va-et-vient qui pousse l'ovule vers le bas, jusqu'à l'utérus.

L'utérus

Comme tous les autres organes reproducteurs, l'utérus se transforme pendant la puberté. Il devient lui aussi plus gros pour finalement atteindre sa taille adulte, qui correspond à peu près à la taille d'un poing refermé. Les dessins de l'illustration 26 sont des représentations grandeur nature de l'utérus et des ovaires chez une jeune fille de onze ans et chez une femme adulte. Calquez ces dessins, découpez-les

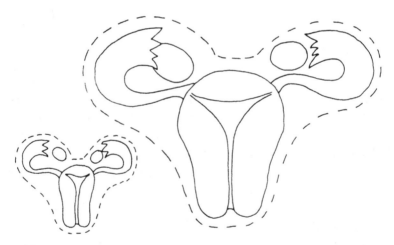

Illustration 26 : L'utérus et les ovaires. Dessins grandeur nature de l'utérus, des trompes de Fallope et des ovaires chez une jeune fille de onze ans et chez une femme adulte. Découper le long des pointillés.

130

et tenez-les contre votre ventre. Vous comprendrez ainsi plus facilement l'emplacement et la taille de ces organes, ainsi que les modifications qu'ils subissent à la puberté.

Comme on peut le voir à l'illustration 20, l'utérus ne se contente pas de grossir à la puberté, il change aussi de position. Durant l'enfance, l'utérus est plutôt vertical; à la puberté, il commence à se pencher vers l'avant, en direction de la vessie. Cela n'est toutefois pas le cas pour toutes les jeunes filles. Chez certaines femmes, l'utérus est plutôt vertical ou incliné vers l'arrière (Illustration 27). On a longtemps cru que le fait d'avoir l'utérus ainsi incliné pouvait nuire à la reproduction ou causer des maux de dos. Les médecins pratiquaient même des interventions pour incliner l'utérus vers l'avant. On sait maintenant qu'une telle condition n'a absolument rien à voir avec la fécondité ou avec tout autre problème.

L'endomètre

La muqueuse qui tapisse la cavité utérine s'appelle également l'*endomètre*. Durant l'enfance, cette muqueuse est très mince, mais elle se transforme elle aussi à la puberté. Lorsque les ovaires commencent à fabriquer assez d'œstrogène, la muqueuse s'épaissit et il s'y développe de nouveaux vaisseaux sanguins et de nouveaux tissus. Lorsque survient la première ovulation, l'endomètre a doublé son épaisseur et il est gorgé de sang.

Après l'ovulation, l'endomètre subit un autre changement. L'hormone produite par l'hypophyse pour stimuler l'ovulation a également pour effet de teinter en jaune le follicule ovarien éclaté. On

131

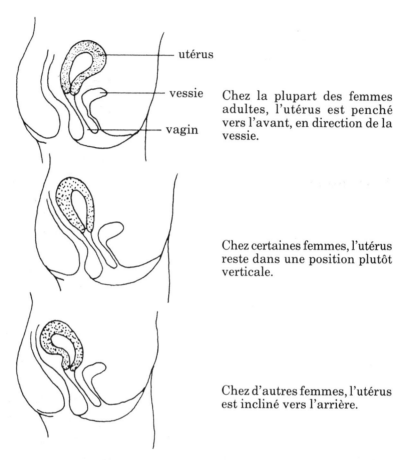

utérus

vessie

vagin

Chez la plupart des femmes adultes, l'utérus est penché vers l'avant, en direction de la vessie.

Chez certaines femmes, l'utérus reste dans une position plutôt verticale.

Chez d'autres femmes, l'utérus est incliné vers l'arrière.

Illustration 27 : L'inclinaison de l'utérus

désigne alors ce follicule jaune vif qui se trouve à la surface de l'ovaire par les termes *corps jaune* (Illustration 28).

Le corps jaune commence alors à produire une autre hormone : la *progestérone*. Cette hormone se rend jusqu'à l'utérus et stimule l'épaississement et l'enrichissement de l'endomètre afin de préparer l'éventuelle implantation de l'ovule.

Illustration 28 : Le corps jaune. Après avoir éclaté pour libérer l'ovule, le follicule devient d'une couleur jaune vif. On le désigne alors par les termes « corps jaune ».

Si l'ovule a été fécondé et qu'il s'implante dans la muqueuse de l'utérus, le corps jaune continuera à produire de la progestérone afin que l'endomètre fournisse les aliments nécessaires à la croissance du fœtus. Si l'ovule n'a pas été fécondé, le corps jaune cesse de produire de la progestérone et se désintègre après quelques jours. Faute de progestérone, la partie superficielle de la muqueuse de l'utérus commence alors à se détacher. Le sang et les tissus tombent de la paroi utérine, puis s'écoulent jusque dans le vagin par le col utérin (Illustration 5) ; de là, ils sont évacués du corps par l'orifice vaginal et la jeune fille est menstruée. L'écoulement se poursuit pendant quelques jours avant de s'arrêter.

Le cycle menstruel et la ménopause

Après la première menstruation, il se produit une ovulation et une menstruation environ chaque mois pendant de très nombreuses années. Ce processus mensuel est ce qu'on appelle le *cycle menstruel*. Bien que le cycle menstruel se répète pendant de longues années, il ne dure pas toujours. Lorsqu'une femme atteint un certain âge, généralement entre 45 et 55 ans, ses ovaires cessent de libérer un ovule chaque mois et ses menstruations s'arrêtent. Tout comme le mot «puberté» désigne le moment où une femme connaît sa première ovulation et sa première menstruation, il existe un mot pour désigner le moment où ce processus s'arrête: la *ménopause*.

La ménopause peut se produire très brusquement. Une femme peut être menstruée un mois, puis cesser de l'être pour toujours. La ménopause peut aussi se produire graduellement. La femme sautera alors une ou deux menstruations, en aura une ou deux autres, en sautera un certain nombre d'autres, et ainsi de suite, jusqu'à ce que le cycle menstruel s'arrête. La ménopause n'est toutefois pas l'unique raison pour laquelle une femme peut cesser d'être menstruée; nous y reviendrons aux pages 181 à 184.

À la ménopause, l'organisme de la femme produit moins d'œstrogène et de progestérone. La plupart des femmes s'adaptent à ce changement sans difficulté. D'autres femmes, cependant, éprouvent au cours de cette période des poussées de chaleur qui les font transpirer abondamment. Dans la plupart des cas, même si elles sont ennuyeuses, ces poussées de chaleur sont sans gravité et n'exigent pas l'intervention du médecin. Il arrive toutefois que les poussées de chaleur soient si intenses et si fréquentes que des soins médicaux deviennent nécessaires.

Tout comme il existe une foule de mythes et de préjugés au sujet de l'hymen et de la masturbation, il en existe également au sujet de la ménopause. On a longtemps prétendu que la ménopause avait pour effet de rendre les femmes plus sujettes à la dépression, à l'anxiété ou à des comportements anormaux. Les gens croyaient également que la ménopause faisait vieillir brusquement, qu'elle entraînait l'apparition de rides, qu'elle stimulait l'obésité ou qu'elle éteignait les désirs sexuels. Nous savons aujourd'hui qu'il n'en est rien. Certaines personnes continuent cependant à entretenir ces vieux mythes et vous en entendrez peut-être parler. Si c'est le cas, n'en tenez pas compte.

Vous êtes cependant encore bien loin de la ménopause et vous préférez sans doute en savoir plus long sur le cycle menstruel et sur votre première menstruation. C'est ce que nous verrons dans le prochain chapitre, dès que nous aurons traité de quelques questions qui surgissent inévitablement de la boîte que je mets à la disposition de mes élèves.

Les jumeaux

Lorsque j'aborde le sujet de la reproduction, mes élèves me posent toujours des questions sur les jumeaux. Les jumeaux peuvent être conçus de deux façons : ou bien ils proviennent d'un seul ovule divisé en deux, ou bien ils proviennent de deux ovules fécondés en même temps par deux spermatozoïdes (Illustration 29).

Habituellement, les ovaires ne produisent qu'un seul ovule par mois. Il arrive cependant que deux ovules soient libérés en même temps. Si ces deux ovules sont fécondés et s'implantent dans la muqueuse utérine, la femme accouchera de jumeaux. Les jumeaux qui proviennent de deux ovules fécondés en même temps par deux spermatozoïdes s'appellent

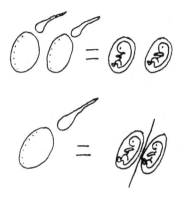

Il arrive qu'une femme produise deux ovules en même temps. Si les deux ovules sont fécondés par deux spermatozoïdes, la femme accouchera de faux jumeaux.

Il arrive également que l'ovule fécondé se divise en deux après la fécondation. Dans un tel cas, la femme accouchera de vrais jumeaux.

Illustration 29 : Les jumeaux

des *faux jumeaux*. Ils peuvent être du même sexe ou de sexes différents. Même s'ils naissent en même temps (l'un après l'autre), ces jumeaux ne se ressemblent pas nécessairement.

L'autre type de jumeaux — les *vrais jumeaux* — provient de la division de l'ovule fécondé peu après la fécondation. Personne ne sait pourquoi un tel phénomène se produit. Les jumeaux qui proviennent d'un même ovule et d'un même spermatozoïde se ressemblent beaucoup et sont toujours du même sexe.

Les triplés (trois bébés), les quadruplés (quatre), les quintuplés (cinq), les sextuplés (six), les septuplés (sept) et les octuplés (huit) sont beaucoup plus rares que les jumeaux et il s'agit généralement de faux jumeaux — c'est-à-dire ne provenant pas d'un même ovule et d'un même spermatozoïde.

On me pose également de nombreuses questions en rapport avec les jumeaux siamois. Les siamois sont de vrais jumeaux qui naissent rattachés l'un à l'autre par deux parties homologues de leurs corps.

Les siamois sont conçus lorsque l'ovule se divise en deux après la fécondation. Pour une raison encore inconnue, l'ovule ne se divise pas complètement et les jumeaux naissent rattachés l'un à l'autre.

Les vrais jumeaux sont plutôt rares et les jumeaux siamois le sont encore plus. Lorsqu'ils naissent, les siamois peuvent être rattachés l'un à l'autre de différentes façons. Ils peuvent, par exemple, être rattachés l'un à l'autre par les épaules, par les bras ou par les pieds. Lorsqu'ils sont ainsi rattachés, il est généralement facile de les séparer. Peu après leur naissance, un chirurgien pourra séparer les jumeaux l'un de l'autre. C'est parfois plus compliqué. Ainsi, lorsque les jumeaux sont rattachés par la tête ou par la poitrine, on ne peut les séparer sans les faire mourir. Ils doivent alors grandir en restant rattachés l'un à l'autre (Illustration 30).

L'hermaphrodisme

Quand j'aborde le sujet des organes génitaux masculins et féminins, il arrive souvent qu'on me demande si une même personne peut avoir les organes des deux sexes. C'est effectivement possible. Les personnes qui ont des organes génitaux masculins et féminins sont des hermaphrodites.

Les hermaphrodites ont à la fois des testicules et des ovaires. Leur apparence extérieure peut cependant varier de l'un à l'autre. Un hermaphrodite peut, par exemple, avoir un pénis, un corps d'homme, de la barbe et des seins. Il peut également avoir une silhouette féminine, des seins, un menton bien glabre et un pénis. D'autres hermaphrodites auront

Illustration 30 : Les siamois. Les siamois les plus célèbres, les frères Bunker, sont nés en 1811 rattachés l'un à l'autre par la poitrine. Ils sont restés ainsi pendant toute leur vie. S'ils étaient nés à notre époque, les frères Bunker auraient pu être séparés par une intervention chirurgicale.

une vulve avec ses grandes et ses petites lèvres, mais un pénis à la place du clitoris.

138

La plupart du temps, l'hermaphrodisme est visible dès la naissance à cause de la configuration des organes génitaux. Il arrive toutefois que les organes génitaux d'un hermaphrodite aient une apparence normale à la naissance et durant l'enfance. On assume alors qu'il s'agit d'un garçon ou d'une fille selon les organes génitaux qui sont apparents. À la puberté cependant, il devient évident que la personne est hermaphrodite. Par exemple, un hermaphrodite ayant des organes génitaux externes masculins pourra voir ses seins se développer à la puberté. Ou encore un hermaphrodite ayant tous les caractères féminins pourra voir son corps se développer comme celui d'un homme et sa barbe pousser, alors que ses seins ne se développeront pas et que la première menstruation se fera attendre.

Lorsque j'aborde ce sujet pendant mon cours, je constate toujours que certains élèves semblent nerveux et inquiets. Les jeunes filles qui n'ont pas eu leur première menstruation et dont les seins n'ont pas commencé à se développer se demandent alors si elles sont vraiment des femmes. Si les autres filles de leur âge ont commencé à être menstruées et à avoir des seins et si elles voient apparaître (comme plusieurs autres) des poils foncés sur leur lèvre supérieure, elles s'inquiètent sérieusement. « Peut-être suis-je hermaphrodite ! », pensent-elles. Certains garçons aussi semblent inquiets, surtout s'ils ont remarqué un léger gonflement de leurs seins (les seins de nombreux garçons gonflent un peu à la puberté).

Je leur dis chaque fois de ne pas s'inquiéter. Les hermaphrodites sont extrêmement rares.

Abandonnons maintenant ces phénomènes étranges pour aborder un sujet beaucoup plus près de vous: le cycle menstruel et votre première menstruation.

Chapitre 7
Un miracle à chaque mois : le cycle menstruel

Chaque mois, au plus profond de notre corps, l'ovaire commence très lentement à tourner. À sa surface, une petite ampoule contient l'ovule qui, pour une raison mystérieuse, a été choisi parmi des centaines de milliers afin d'être libéré ce mois-là. Le pavillon en forme d'entonnoir de la trompe de Fallope, qui est tapissée de milliers de cils mobiles, se tourne alors vers l'ovaire.

Tout à coup, l'ampoule éclate. Sous l'effet d'une hormone sécrétée par l'hypophyse, l'ovaire se contracte et l'ovule est libéré. Les extrémités frangées du pavillon de la trompe de Fallope s'étendent comme des doigts afin de saisir l'ovule et le diriger à l'intérieur du conduit. Dans un véritable ballet que l'on dirait tourné au ralenti, les cils minuscules entraînent lentement l'ovule vers l'utérus dans un parcours de dix centimètres qui durera quatre jours.

Pendant que l'ovule se dirige vers l'utérus, la muqueuse de ce dernier se prépare. Les vaisseaux sanguins se gonflent afin de bien alimenter en sang la muqueuse utérine qui pourra accueillir l'ovule fécondé. Les glandes de l'utérus produisent une grande quantité d'éléments nutritifs qui aideront au développement de l'ovule. La muqueuse utérine double d'épaisseur afin d'offrir un sol fertile où l'ovule pourra s'implanter s'il est fécondé.

Au cours des trois premiers jours qui suivent son arrivée dans l'utérus, le minuscule ovule y flotte librement. S'il est fécondé par un spermatozoïde, il s'implantera dans la muqueuse utérine au cours du septième jour. Entre-temps, à la surface de l'ovaire, l'ampoule éclatée qui est devenue le corps jaune attend un signal de l'utérus.

Si aucun spermatozoïde rencontre et féconde l'ovule, celui-ci ne s'implantera pas dans la muqueuse utérine. Alors, le corps jaune commencera à se désintégrer et cessera de sécréter de la progestérone. Le taux sanguin de progestérone étant ainsi diminué, les vaisseaux se contracteront et diminueront l'afflux sanguin à la muqueuse utérine. Les nouveaux tissus de la muqueuse seront alors privés de nourriture et, après quelques jours, se détacheront des parois. En quelques heures, les vaisseaux sanguins affaiblis de la muqueuse utérine se briseront les uns après les autres. Chaque vaisseau se videra du sang qu'il contient et le flot menstruel permettra à l'utérus d'évacuer les tissus dont il n'a plus besoin.

Après quelques jours de saignement, la partie superficielle de la muqueuse est évacuée et le cycle recommence. La muqueuse de l'utérus épaissit à nouveau et des ovules se dirigent vers la surface de l'ovaire. Un nouvel ovule est libéré et, s'il n'est pas fécondé, une autre menstruation se produit environ deux semaines après l'ovulation.

Le cycle menstruel

La période qui s'étend du premier jour de la menstruation au premier jour de la menstruation suivante correspond au cycle menstruel et dure à peu près un mois. En fait, le cycle menstruel peut durer entre 21 et 35 jours, même si la moyenne générale est de 28 jours. Très peu de femmes connaissent un cycle régulier, tous les 28 jours, pendant toute la durée de leur vie. Pour la plupart d'entre nous, le cycle menstruel est plutôt irrégulier. Par exemple, au cours des dernières années, mes menstruations suivaient le modèle suivant. Mes trois premières menstruations de l'année étaient très régulières. Elles se produisaient après 29 jours et duraient cinq jours. Ma quatrième menstruation arrivait ensuite après 27 jours et ne durait que quatre jours. La menstruation suivante ne se produisait qu'après 30 jours et durait six jours. L'autre ensuite n'arrivait qu'après 31 jours et durait six jours. Puis, mes menstruations redevenaient régulières, se produisant tous les 29 jours pour durer cinq jours.

Chacune d'entre nous a un cycle bien à elle. Chez certaines, le cycle est plus régulier que chez d'autres.

Comme une femme nous le confiait, le cycle peut également être très régulier, puis devenir irrégulier :

> Lorsque j'étais plus jeune, mon cycle était très régulier. Les menstruations se produisaient tous les 26 jours avec une régularité d'horloge. Puis, quand j'ai atteint la trentaine, mon cycle est devenu très irrégulier : tous les 22, 26 ou 30 jours, selon les mois. Aujourd'hui, mon cycle menstruel est redevenu plus régulier.

Inversement, certaines femmes qui connaissent un cycle menstruel irrégulier peuvent tout à coup le voir devenir régulier. Personne ne sait exactement pourquoi le cycle menstruel varie ainsi. On sait toutefois que les voyages, les émotions fortes et la maladie peuvent influencer le cycle menstruel et provoquer la menstruation plus tôt ou plus tard que d'habitude. On raconte parfois que les femmes qui vivent ensemble ou qui sont très proches l'une de l'autre ont tendance à avoir leurs menstruations vers la même période, ce qui permettrait aussi d'expliquer pourquoi le cycle varie. « C'est justement mon cas ! », nous avouait une femme que nous avons rencontrée :

> J'ai toujours eu mes menstruations à peu près en même temps que les femmes qui m'entouraient. Quand je demeurais chez mes parents, mes sœurs et moi avions toujours nos menstruations ensemble, au début de chaque mois. Plus tard, alors que j'étais pensionnaire, j'étais menstruée en même temps que mes compagnes de chambre, vers le milieu du mois.

Ces « histoires » semblent avoir un solide fond de vérité. Des expériences scientifiques ont permis de confirmer que les femmes qui sont proches l'une de l'autre ont souvent leurs menstruations vers la même période.

Les jeunes femmes qui connaissent leurs premières menstruations ont habituellement un cycle irrégulier. Il faut un certain temps pour que notre corps s'adapte à ce nouveau processus. Il se peut très bien que votre première menstruation soit suivie d'une période de six mois sans que rien ne se produise. Il se peut aussi que la deuxième menstruation se déclenche à peine deux semaines après la première. Très souvent, il faut attendre entre deux et trois ans avant que le cycle menstruel devienne à peu près régulier et, encore une fois, certaines d'entre nous ne connaissent jamais un cycle menstruel vraiment régulier.

Durée de la menstruation et abondance de l'écoulement

La menstruation peut durer entre deux et sept jours ; en moyenne, elle dure environ cinq jours. Certaines menstruations peuvent être plus longues que d'autres : un mois, votre menstruation pourra durer deux ou trois jours et, le mois suivant, cinq ou six jours. Vous pouvez également connaître des menstruations qui durent exactement cinq jours à chaque fois. Encore une fois, chacune d'entre nous a un cycle qui lui est propre et ce cycle peut varier au cours de notre vie.

Bien qu'on ait l'impression qu'il s'écoule beaucoup de sang de l'utérus lors des menstruations, la quantité est en réalité plutôt faible. Elle peut varier entre 15 ml et 250 ml. Là aussi, nous sommes toutes différentes. Certaines connaîtront toujours des menstruations abondantes d'environ 120 ml, d'autres auront régulièrement des menstruations minimes de 15 ml. Chez d'autres encore, l'abondance de l'écoulement pourra varier d'une menstruation à l'autre.

Chez certaines d'entre nous, le saignement est abondant au cours des deux premiers jours et il diminue progressivement jusqu'au dernier. Chez d'autres, l'écoulement commence lentement pour devenir ensuite plus abondant. D'autres encore pourront connaître un saignement abondant qui s'arrêtera pendant quelques jours pour reprendre ensuite. Tous ces types de menstruations sont tout à fait normaux.

Le flot menstruel peut être clair et liquide ou encore comporter des petites masses qu'on appelle caillots. Les caillots sont plus facilement observables au lever, car le sang s'accumule et caille dans le vagin lorsqu'on est couchée.

La couleur du sang peut varier du rouge vif au brun. Le sang aura tendance à prendre une teinte plus brunâtre au début et à la fin de la menstruation. Plus le sang est ralenti dans son écoulement, plus il deviendra brun.

Les quatre phases

Que vos menstruations se produisent tous les 21 jours ou tous les 35 jours, qu'elles se produisent régulièrement ou non, qu'elles soient minimes ou abondantes, votre cycle menstruel correspond à un processus qui est le même pour toutes les femmes. On peut diviser ce processus en quatre phases.

Première phase

La première phase du cycle menstruel correspond au saignement ou à la menstruation. Au cours de cette phase, la partie superficielle de la muqueuse utérine se détache et est évacuée du corps. Le premier jour de la menstruation correspond au jour 1 du cycle menstruel. Comme nous l'avons vu, la menstruation peut durer entre un et sept jours ; en moyenne cependant, cette phase a une durée d'environ cinq jours. Pour les besoins des explications qui suivent, nous dirons donc que les jours 1 à 5 correspondent à la première phase du cycle menstruel (Illustration 31).

Deuxième phase

Au cours de cette phase, l'hypophyse sécrète une hormone qui stimule la production d'œstrogène par les follicules ovariens et amène ces derniers à se déplacer vers la surface de l'ovaire. L'œstrogène ainsi produit stimule le développement de nouveaux vaisseaux sanguins et de tissus muqueux sur les parois de l'utérus.

Chez une femme dont les menstruations se produisent tous les 28 jours et durent cinq jours, la deuxième phase s'étendra à peu près du jour 6 au jour 13. Bien entendu, si votre cycle menstruel est plus long ou plus court que 28 jours, cette phase sera dans votre cas plus longue ou plus courte.

Troisième phase

À la fin de la deuxième phase, les ovaires produisent assez d'œstrogène pour que l'hypophyse

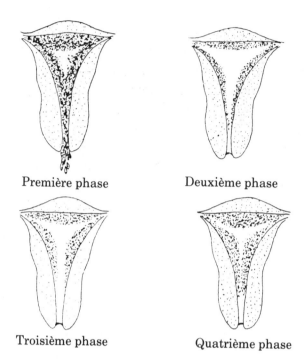

Première phase Deuxième phase

Troisième phase Quatrième phase

Illustration 31 : L'utérus pendant les quatre phases du cycle menstruel.

cesse de sécréter la première hormone pour en produire une autre, qui fera éclater un follicule à la surface de l'ovaire et libérera un ovule. La troisième phase du cycle menstruel — l'ovulation — est celle au cours de laquelle l'ovule est libéré.

Habituellement, les ovaires ne libèrent qu'un seul ovule à chaque cycle menstruel. Les scientifiques croient que les ovaires le font à tour de rôle. L'ovaire droit libérera un ovule au cours d'un cycle et l'ovaire gauche en libérera un autre lors du cycle suivant. Si une femme n'a qu'un seul ovaire, que ce soit de naissance ou à la suite d'une chirurgie, celui-ci prendra la relève et libérera un ovule à chaque cycle.

La plupart des femmes ne ressentent rien lorsque le follicule éclate pour libérer l'ovule. Cependant, certaines femmes éprouvent des crampes ou une douleur au moment de l'ovulation. Pour certaines, il s'agit d'une vague douleur qui persiste pendant près d'une journée ; pour d'autres, il s'agit d'une douleur aiguë et soudaine qui passe très vite. Néanmoins, la plupart des femmes ne se rendent même pas compte de l'ovulation.

Chez une femme dont le cycle menstruel dure 28 jours, l'ovulation se produit habituellement au jour 14. L'ovulation peut également se produire un ou deux jours plus tôt ou plus tard, donc entre le jour 12 et le jour 16.

La plupart des livres qui décrivent le cycle menstruel parlent d'un cycle de 28 jours et expliquent que l'ovulation se produit à peu près au milieu du cycle, au jour 14. Les femmes qui ont un cycle plus long ou plus court assument généralement que l'ovulation se produira chez elles aussi vers le milieu du cycle. Ainsi, la femme dont le cycle est de 32 jours fixera l'ovulation au jour 16 et celle dont le cycle est de 22 jours, au jour 11. C'est une erreur de penser ainsi. L'ovulation se produit en réalité quatorze jours (plus ou moins un ou deux jours) avant le début de la prochaine menstruation. Chez une femme dont le cycle est de 32 jours, l'ovulation se produira donc autour du jour 18 (32 − 14 = 18) ; chez celle dont le cycle est de 22 jours, elle se produira plutôt vers le jour 8 (22 − 14 = 8).

Une femme ne peut devenir enceinte qu'au cours de la troisième phase du cycle menstruel, peu après la libération d'un ovule par l'ovaire. Il serait pratique de pouvoir prévoir avec précision le moment de l'ovulation. Ainsi, les femmes qui désirent un enfant pourraient avoir des relations sexuelles durant cette période de fécondité, tandis que les autres pourraient l'éviter. Malheureusement, ce n'est pas aussi simple. Au cours d'un mois donné, une femme peut avoir un cycle de 28 jours et l'ovulation se produira au jour 14. Le mois suivant, son cycle peut être de 35 jours et l'ovulation ne se fera que vers le jour 21. Un autre mois, le cycle sera peut-être de 21 jours et l'ovule sera libéré autour du jour 7.

On peut prévenir la grossesse en essayant de prévoir le moment de l'ovulation et en évitant d'avoir des relations sexuelles au cours de cette période ; c'est toutefois une technique peu efficace. Cette méthode de contrôle des naissances s'appelle la *méthode du calendrier*. Il existe d'autres méthodes de contrôle des naissances qui sont beaucoup plus efficaces. Pour en savoir plus long, vous pourrez consulter l'un des nombreux livres ou brochures publiés sur le sujet. Vous pourrez aussi en parler avec votre mère ou d'autres femmes pour savoir si elles utilisent une méthode et quels en sont les avantages. Si vous commencez à être menstruée, il est probable que vous n'aurez pas de relations sexuelles à brève échéance et que la question du contrôle des naissances ne vous intéressera vraiment que dans quelques années. Malgré tout, il est bon d'apprendre toutes ces choses alors que vous êtes jeune ; ainsi, lorsque vous commencerez à avoir des relations sexuelles, vous serez plus familière avec le sujet.

Quatrième phase

Au début de cette phase, l'ovule se trouve dans la trompe de Fallope et se dirige vers l'utérus. Le follicule éclaté à la surface de l'ovaire est devenu le corps jaune et il produit de la progestérone. La progestérone stimule l'épaississement de la muqueuse utérine et la production d'éléments nutritifs.

Si un spermatozoïde réussit à pénétrer dans la trompe de Fallope au cours de cette période, il y a de fortes chances pour que l'ovule soit fécondé. Le spermatozoïde pénétrera à travers l'enveloppe de l'ovule, puis l'ovule fécondé poursuivra sa route vers l'utérus. Là, il s'implantera dans l'épaisse muqueuse utérine.

Si l'ovule est fécondé, le corps jaune continuera à produire de la progestérone pendant un certain temps afin que la muqueuse utérine alimente correctement l'ovule. Mais, la plupart du temps, l'ovule n'est pas fécondé et il se désintègre. La fécondation n'ayant pas eu lieu, le corps jaune se désintègre à son tour et cesse de produire de la progestérone.

À ce moment du cycle menstruel, notre organisme produit très peu d'œstrogène et de progestérone ; c'est pourquoi la partie superficielle de la muqueuse utérine commence à se briser et à se détacher. Dès que cela se produit, l'hypophyse recommence à sécréter une hormone pour stimuler l'activité des follicules. À leur tour, les ovaires produisent plus d'œstrogène. Dès que la menstruation se produit, la muqueuse de l'utérus recommence à épaissir et le cycle menstruel reprend à son point de départ.

Chez une femme dont le cycle menstruel est de 28 jours, la quatrième phase s'étendra du jour 15 (tout de suite après l'ovulation) jusqu'au jour 28. Le vingt-neuvième jour, la menstruation commencera, indiquant ainsi le jour 1 du cycle suivant.

UN RÉSUMÉ DES QUATRE PHASES DU CYCLE MENSTRUEL

Première phase
- La partie superficielle de la muqueuse utérine se détache et la menstruation commence.
- L'hypophyse et les ovaires ne produisent que peu d'hormones.

Deuxième phase
- L'hypophyse sécrète une hormone qui stimule l'activité des follicules ovariens.
- Les ovaires produisent de l'œstrogène.
- Les follicules ovariens se déplacent vers la surface de l'ovaire.
- La muqueuse utérine commence à devenir plus épaisse.

Troisième phase
- L'hypophyse sécrète une hormone qui stimule l'ovulation.
- L'ovule est libéré et pénètre dans la trompe de Fallope.

Quatrième phase
- Le follicule éclaté devient le corps jaune et commence à produire de la progestérone.
- La progestérone stimule un plus grand épaississement de la muqueuse utérine.
- Si l'ovule est fécondé, le corps jaune continue à produire de la progestérone. Si la fécondation n'a pas lieu, le corps jaune se désintègre.
- Faute de progestérone, la partie superficielle de la muqueuse utérine se détache et est évacuée. Le premier jour de la menstruation marque le début (le jour 1) d'un autre cycle.

Quand commence la première menstruation?

Les jeunes filles qui suivent mon cours me posent toutes la même question: «Quand aurai-je ma première menstruation?» Malheureusement, je ne peux jamais y répondre. C'est différent pour chacune d'entre nous. Si on ne peut déterminer le moment de la première menstruation avec précision, on peut tout de même considérer ce qu'il en est de la moyenne générale. La première menstruation peut se produire n'importe quand entre le huitième et le seizième anniversaire de naissance. Cependant, il est très rare qu'une jeune fille ait sa première menstruation aussi tôt qu'à huit ans ou aussi tard qu'à seize ans. La grande majorité des jeunes filles sont menstruées pour la première fois entre leurs onzième et quatorzième anniversaires de naissance. Il ne faut toutefois pas oublier qu'il y a quand même un bon nombre de jeunes filles dont la première menstruation arrive plus tôt ou plus tard. Si vous atteignez l'âge de seize ans sans avoir connu votre première menstruation, il serait sage de consulter un gynécologue. Cela ne veut pas nécessairement dire que quelque chose va mal; plusieurs jeunes filles tout à fait normales n'ont connu leur première menstruation que dans la vingtaine. Il est toutefois recommandé de consulter un médecin afin de vous assurer qu'aucun problème physique ne vous empêche d'être menstruée.

Même s'il est impossible de déterminer avec précision à quel moment telle jeune fille aura sa première menstruation, il existe un certain nombre d'indices. Un premier indice vous sera fourni par l'âge auquel votre mère a commencé à être menstruée. Très souvent, les filles ont leur première menstruation vers le même âge que leur mère. Il ne s'agit bien sûr pas d'une règle absolue, mais c'est quand même un bon indice. Vérifiez si votre mère se souvient de l'âge exact auquel elle a eu sa première menstruation.

Vous pouvez également utiliser le tableau de la page 161 afin de suivre votre progression à travers la puberté. Vous pouvez remplir ce tableau avec votre mère ou une amie. Un jour, si vous êtes la mère d'une jeune fille, vous aurez du plaisir à comparer votre tableau avec le sien.

Remplissez d'abord la première section du tableau. Tous les trois mois, remplissez une autre section. (Copiez autant de sections que nécessaire.) Inscrivez d'abord la date, votre taille et votre poids. Si votre poussée de croissance n'a pas encore commencé, vous observerez sans doute une forte augmentation de votre taille et de votre poids au fur et à mesure que vous remplirez d'autres sections. Si vous êtes déjà entrée dans cette période de croissance accélérée, vous remarquerez que l'augmentation de la taille et du poids est plus graduelle.

À la ligne suivante — « Étape de la croissance des poils du pubis » —, inscrivez un chiffre de 1 à 5 pour indiquer à quelle étape vous vous trouvez à cette date. Référez-vous à l'illustration 9, qui présente les cinq étapes de la croissance des poils du pubis. Si vous n'avez encore aucun poil pubien, vous inscrivez le chiffre 1 sur cette ligne. Si vous en avez quelques-uns, inscrivez le chiffre 2. Si les poils de votre pubis ressemblent plutôt au dessin de l'étape 3, inscrivez le chiffre 3. S'il vous semble être à mi-chemin entre deux étapes, indiquez-le d'une manière ou d'une autre, par exemple en inscrivant 2½ ou 3½.

À la ligne suivante — « Étape du développement des seins » —, inscrivez un chiffre de 1 à 5 correspondant à l'étape où vous êtes rendue à cette date. Référez-vous à l'illustration 12 qui présente des dessins des cinq étapes du développement des seins. Encore une fois, si vous vous trouvez à mi-chemin entre deux étapes, indiquez-le d'une manière ou d'une autre.

Si vous avez observé d'autres changements, comme des poils aux aisselles, sur les bras ou sur les jambes, une transpiration plus abondante, des boutons, une modification de l'apparence de la vulve, un écoulement vaginal, etc., inscrivez-le à la ligne « Autres changements ». Chaque fois que vous remarquez quelque chose de nouveau, remplissez une nouvelle section, même si la période de trois mois n'est pas écoulée. Évidemment, lorsque arrive le jour de votre première menstruation, n'oubliez pas de l'inscrire sur le tableau.

TABLEAU DE MA PROGRESSION À TRAVERS LA PUBERTÉ

Date :
Taille :   Poids :
Étape de la croissance des poils du pubis :
Étape du développement des seins :
Autres changements :

Date :
Taille :   Poids :
Étape de la croissance des poils du pubis :
Étape du développement des seins :
Autres changements :

Date :
Taille :   Poids :
Étape de la croissance des poils du pubis :
Étape du développement des seins :
Autres changements :

Date :
Taille :   Poids :
Étape de la croissance des poils du pubis :
Étape du développement des seins :
Autres changements :

Date:
Taille: Poids:
Étape de la croissance des
poils du pubis:
Étape du développement
des seins:
Autres changements:

Date:
Taille: Poids:
Étape de la croissance des
poils du pubis:
Étape du développement
des seins:
Autres changements:

Date:
Taille: Poids:
Étape de la croissance des
poils du pubis:
Étape du développement
des seins:
Autres changements:

Date:
Taille: Poids:
Étape de la croissance des
poils du pubis:
Étape du développement
des seins:
Autres changements:

En suivant ainsi la croissance de vos poils du pubis et le développement de vos seins, il vous sera plus facile d'estimer quand se produira votre première menstruation. Les médecins ont étudié des groupes de jeunes filles en période de puberté afin de déterminer à quelles étapes de la croissance des poils du pubis et du développement des seins correspondait la première menstruation. Le tableau qui suit présente les résultats de ces recherches.

Comme l'indique ce tableau, la plupart des jeunes filles (62%) ont leur première menstruation alors qu'elles traversent la quatrième étape du développement des seins. C'est aussi au cours de la quatrième étape de la croissance des poils du pubis que la plupart des jeunes filles (63%) sont menstruées pour la première fois. Si votre tableau personnel indique que vous avez atteint les étapes 4 du développement des seins et de la croissance des poils du pubis, vous pouvez donc vous attendre à être menstruée prochainement. Cependant, le tableau indique aussi que 11

ÉTAPES CORRESPONDANT À LA PREMIÈRE MENSTRUATION

Étape	Pourcentage de jeunes filles ayant commencé à être menstruées au cours de cette étape du développement des seins	Pourcentage de jeunes filles ayant commencé à être menstruées au cours de cette étape de la croissance des poils du pubis
1	0%	1%
2	1%	4%
3	26%	19%
4	62%	63%
5	11%	14%

pour cent des jeunes filles ne sont pas menstruées avant l'étape 5 du développement des seins et que 14 pour cent d'entre elles doivent attendre la cinquième étape de la croissance des poils du pubis. Un plus grand nombre encore — 26 pour cent — ont leur première menstruation alors que leurs seins sont à l'étape 3 de leur développement et 19 pour cent des jeunes filles sont menstruées au cours de l'étape 3 de la croissance des poils du pubis.

Aucune des jeunes filles faisant partie des groupes étudiés n'a été menstruée au cours de l'étape 1 du développement des seins et seulement une jeune fille sur cent a connu sa première menstruation pendant l'étape 1 de la croissance des poils du pubis. Si vous êtes présentement à l'étape 1 du développement des seins et de la croissance des poils du pubis, il vous faudra donc probablement attendre une autre étape avant d'avoir votre première menstruation.

Le développement des seins et la croissance des poils du pubis ne se font pas toujours en parallèle. Vous pouvez vous trouver dans une étape du développement des seins et dans une autre étape de la croissance des poils du pubis. Par exemple, une de mes élèves a connu sa première menstruation alors qu'elle en était rendue à l'étape 4 du développement des seins et à l'étape 3 de la croissance des poils du pubis.

L'autre question qui revient fréquemment pendant mes cours est la suivante : « Combien de temps dure chaque étape ? ». Il est encore une fois difficile de l'estimer avec précision pour chaque cas particulier, mais il est quand même intéressant de connaître les moyennes générales.

DURÉE DES DIFFÉRENTES ÉTAPES

Étape	La plupart des jeunes filles	95% des jeunes filles
2 (seins)	environ 11 mois	de 2½ à 12 mois
3 (seins)	environ 11 mois	de 4 à 26 mois
4 (seins)	24 mois	d'un mois à 7 ans
2 (poils)	environ 7 mois	de 2½ à 15½ mois
3 (poils)	6 mois	de 2½ à 11 mois
4 (poils)	environ 15½ mois	de 7 à 29 mois

Comme l'indique le tableau, la plupart des jeunes filles passent 11 mois à l'étape 2 du développement des seins. En d'autres mots, elles mettent 11 mois pour se rendre du début de l'étape 2 au début de l'étape 3. Il ne s'agit cependant que de la majorité des jeunes filles. Certaines n'y mettront que deux mois et demi et d'autres, jusqu'à 12 mois. Bien plus, chez environ 5 pour cent des jeunes filles, la durée de l'étape 2 pourra être plus courte ou plus longue que ces deux extrêmes.

Le tableau indique aussi que l'étape 3 du développement des seins dure environ 11 mois pour la plupart des jeunes filles. Certaines pourront n'y passer qu'un seul mois, tandis que d'autres devront y mettre jusqu'à 26 mois. Pour environ 95 pour cent des jeunes filles, l'étape 3 du développement des seins dure entre 1 et 26 mois ; pour la plupart d'entre elles, elle dure environ 11 mois.

La première menstruation

Tous ces tableaux sont amusants à compléter et à comparer et ils peuvent vous fournir des indices sur la période approximative de votre première menstruation. Ils ne peuvent toutefois vous permettre de prédire le jour et l'heure de votre première menstruation et cela ennuie plusieurs jeunes filles.

« Qu'est-ce que je vais faire si cela arrive pendant un cours ? », demandent souvent mes élèves. Heureusement, il se trouve souvent parmi mes élèves des jeunes filles qui ont déjà connu leur première menstruation et qui peuvent partager leur expérience avec les autres. Voici ce que l'une d'elle nous a raconté :

Ma première menstruation s'est déclenchée pendant le cours d'histoire. Je n'en étais pas certaine, mais j'avais l'impression que c'était cela. J'ai levé la main pour pouvoir aller aux toilettes. Mes sous-vêtements étaient tachés de sang. Heureusement, j'avais un slip de rechange dans mon sac. J'ai pris une serviette hygiénique dans la machine distributrice, je l'ai épinglée à mon slip et je suis retournée en classe.

Les serviettes hygiéniques sont des bandes de coton doux utilisées pour absorber le flot menstruel. Cette jeune fille avait eu de la chance. Il y avait une machine distributrice dans la salle de bains et elle avait une culotte de rechange. Une autre de mes élèves n'avait pas eu cette chance:

Moi aussi, ma première menstruation est arrivée alors que j'étais à l'école. J'étais sûre que c'était bien cela, mais je me suis rendue à la salle de bains pour le vérifier. Il n'y avait plus de serviettes hygiéniques dans la machine distributrice. J'en ai donc improvisé une avec du papier hygiénique et je me suis dirigée vers le bureau de l'infirmière. Elle a été très gentille; elle m'a donné une serviette hygiénique et une culotte de rechange.

Plusieurs jeunes filles nous ont confié avoir demandé une serviette hygiénique à l'infirmière de l'école, au professeur de gymnastique, à une secrétaire ou à une enseignante. Si c'était nécessaire, il arrivait même que la personne consultée puisse prêter une culotte de rechange. Dans d'autres cas, la jeune fille pouvait simplement ignorer les taches de sang ou encore rincer sa culotte à l'eau froide. D'autres jeunes filles ont téléphoné à leur mère, qui leur a apporté à l'école une serviette hygiénique et une culotte propre.

Une de mes élèves nous a raconté qu'elle était prête:

Je savais que j'approchais de l'âge de la première menstruation. Au début de la septième année, j'ai mis une serviette hygiénique dans un étui spécial que je transportais toujours dans mon sac à main. J'étais prête! À l'école où j'allais, il n'y avait pas d'infirmière et les machines distributrices étaient toujours vides ou brisées. Je ne voulais pas entrer dans le bureau pour demander une serviette hygiénique. Il y a toujours plein de monde à cet endroit et cela m'aurait gênée.

Une autre élève nous a aussi expliqué qu'elle était prête :

J'avais une serviette hygiénique dans mon sac depuis presque un an. Je me trouvais vraiment bien prévoyante. Un jour, dans un couloir de l'école, une amie m'a dit : « Hé! Il y a du sang sur ta jupe! » J'ai cru mourir. « Reste derrière moi. », lui ai-je dit. Elle m'a suivi de près tout le long du couloir pour que personne ne remarque quoi que ce soit. J'ai pris mon manteau au vestiaire, je l'ai mis et je me suis rendue au bureau. J'ai dit à la secrétaire que j'étais malade et que je devais retourner à la maison.

La plupart des jeunes filles éprouvent une sensation d'humidité avant que le sang traverse leur culotte et tache leur jupe ou leur pantalon. De plus, la majorité des jeunes filles ne saignent pas assez pour que cela paraisse à travers leurs vêtements. Il se trouve quand même des jeunes filles pour raconter des expériences embarrassantes du genre de celle qui précède. Si votre première menstruation vous inquiète, parlez-en avec votre mère ou avec une autre femme qui pourra vous donner des conseils pratiques. Cela aide beaucoup d'apprendre ce qui a pu arriver aux autres et d'exprimer ses craintes ou ses préoccupations.

Les serviettes et les tampons hygiéniques

Votre première menstruation peut se déclencher n'importe quand : le jour ou la nuit, à l'école, à la maison ou ailleurs. Peu importe où et quand elle se produit, il vous faudra absorber le flot menstruel d'une manière ou d'une autre.

Par le passé, les femmes ont dans ces circonstances fait appel à toutes sortes de moyens : de l'herbe, des chiffons, des éponges, etc. De nos jours, il existe tant de produits qu'il peut se révéler difficile de choisir celui qui vous convient. Demandez à votre mère ou à une autre femme lequel elle utilise et pour quelle raison. Vous pouvez également essayer les différents produits jusqu'à ce que vous ayez trouvé celui qui vous plaît le plus.

Les serviettes hygiéniques

Les serviettes hygiéniques sont vendues dans les supermarchés et les pharmacies en différentes tailles et différentes épaisseurs. Elles sont composées de plusieurs couches de coton absorbant. La plupart ont une doublure en plastique qui empêche le sang de traverser l'épaisseur de la serviette (Illustration 32).

Certaines serviettes hygiéniques sont conçues pour être suspendues à une ceinture. Les pattes de la serviette sont accrochées à la ceinture qui est portée autour de la taille. La serviette peut aussi être épinglée au slip avec des épingles de sûreté. D'autres serviettes hygiéniques sont conçues de telle sorte que la ceinture et les épingles sont inutiles. Leur face inférieure est munie de bandes adhésives qui sont

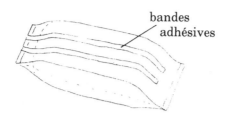

bandes
adhésives

pattes pour suspendre la serviette à la ceinture

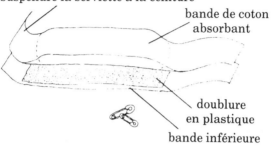

bande de coton
absorbant

doublure
en plastique
bande inférieure

ceinture

Illustration 32 : Les serviettes hygiéniques

recouvertes d'un papier glacé. Il suffit d'enlever ces bandes de papier et de presser la serviette sur le fond de la culotte. Les bandes adhésives empêcheront la serviette hygiénique de glisser.

Si vous avez des menstruations abondantes, vous devrez sans doute utiliser les serviettes les plus épaisses, à tout le moins pendant les jours où l'écoulement est le plus abondant. Si vos menstruations sont plutôt faibles, vous préférerez probablement les serviettes plus minces, qui sont aussi moins

163

encombrantes. Il existe également des serviettes très minces que l'on utilise le dernier jour de la menstruation, alors que l'écoulement est très faible.

On a une drôle d'impression lorsqu'on porte une serviette hygiénique pour la première fois, surtout si elle est épaisse. Même s'il vous semble que tout le monde voit que vous portez une serviette hygiénique, il n'en est rien. Regardez-vous dans une glace et vous verrez bien : la serviette hygiénique n'est pas du tout visible.

Il faut changer de serviette hygiénique toutes les trois ou quatre heures pour éviter que le sang ne la traverse. Il est sage de changer fréquemment la serviette, même si vos menstruations sont faibles ; ainsi, vous n'aurez pas à craindre que le sang tache vos vêtements. Le flot menstruel en lui-même est propre et inodore. Cependant, dès qu'il entre en contact avec les bactéries contenues dans l'air et dans le vagin, il commence à dégager une odeur. En effet, les bactéries se développent très rapidement dans un milieu aussi riche en éléments nutritifs. Même si ces bactéries sont inoffensives, elles peuvent causer des odeurs désagréables. En remplaçant fréquemment la serviette hygiénique, vous empêcherez les bactéries et les odeurs de se développer.

Les serviettes usagées doivent être jetées dans une corbeille ou une poubelle, et non dans la toilette, car elles pourraient bloquer les tuyaux. Les salles de bains publiques ont souvent des poubelles spéciales pour les serviettes hygiéniques. S'il n'y en a pas et si vous ne voulez pas montrer à tout le monde votre serviette tachée de sang, pliez-la par le centre et enveloppez-la dans du papier hygiénique. Vous pourrez ensuite la jeter dans la poubelle la plus proche. Même à la maison, enveloppez-la de cette façon afin de réduire les odeurs qui peuvent s'en échapper.

Les tampons hygiéniques

On peut également utiliser un tampon hygiénique pour absorber le flot menstruel. En fait, les femmes utilisent des tampons depuis la nuit des temps. Autrefois, elles fabriquaient de petits rouleaux d'herbe ou de chiffon qu'elles inséraient dans leur vagin pour absorber le sang. Aujourd'hui, les tampons sont faits de coton absorbant et sont habituellement munis d'une cordelette qui permet de les retirer facilement. La plupart des tampons viennent dans un applicateur qui en facilite l'insertion dans le vagin.

Mes élèves posent toujours un tas de questions en rapport avec les tampons hygiéniques. Tout d'abord, elles veulent savoir si un tampon peut remonter « à l'intérieur du corps ». La réponse est « non ». Le tampon est inséré dans l'orifice vaginal, jusque dans le vagin, mais il ne peut pénétrer dans l'utérus. Le col de l'utérus ayant à peu près le diamètre de la tête d'une allumette en bois, il est absolument impossible qu'un tampon puisse y pénétrer.

Mes élèves veulent également savoir si un tampon peut « se perdre » dans le vagin, généralement parce qu'elles ont entendu parler d'une femme qui a dû consulter un médecin parce que son tampon s'était « perdu » dans son vagin. Un tampon ne peut pas vraiment « se perdre » dans le vagin, mais il se peut que sa cordelette y pénètre ou que le tampon soit poussé si loin que la femme croie l'avoir perdu. Si cela vous arrive, détendez-vous. Il est très facile de récupérer un tampon. Il suffit de glisser deux doigts dans le vagin et de retirer le tampon hygiénique. S'il est poussé très loin, il vous faudra peut-être pousser vers le bas avec les muscles du ventre, un peu comme pour aller à la selle. Cela poussera le tampon vers le bas afin que vous puissiez le saisir. La plupart du temps, la cordelette du tampon reste à l'extérieur de l'orifice vaginal et il suffit de la tirer doucement pour enlever le tampon.

Mes élèves veulent également savoir si une vierge, une jeune fille n'ayant jamais eu de relation sexuelle, peut utiliser des tampons. La réponse est « oui ». Une femme peut utiliser des tampons hygiéniques quel que soit son âge, peu importe qu'elle soit vierge ou non. Il peut cependant être plus difficile d'utiliser des tampons si vous êtes jeune ou si les orifices de votre hymen sont petits. Il faut toutefois comprendre que l'hymen et l'orifice vaginal sont très élastiques. Si vous éprouvez des difficultés à insérer le tampon, essayez d'agrandir l'ouverture avec votre doigt. En étirant doucement l'orifice vaginal quelques fois par semaine, vous pourrez après quelques mois insérer le tampon avec plus de facilité.

Mes élèves veulent aussi savoir exactement comment on insère un tampon hygiénique. Comme le mode d'emploi imprimé sur les boîtes de tampons n'est jamais très détaillé, nous consacrons toujours plusieurs minutes à la discussion de ce sujet.

Certaines femmes préfèrent insérer le tampon en position debout, d'autres en positionn assise et d'autres en position couchée. Peu importe la position choisie, il faut se rappeler que le vagin n'est pas

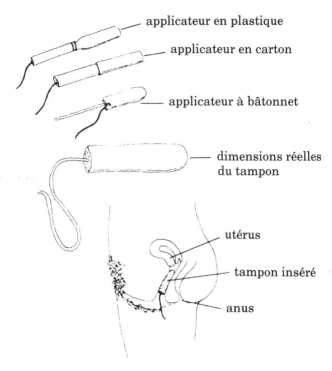

Illustration 33 : Les tampons hygiéniques

vertical, mais plutôt incliné vers l'arrière. Si vous n'inclinez pas le tampon pour l'insérer, il butera contre la paroi du vagin et vous aurez du mal à le pousser plus loin.

Assurez-vous également que vous utilisez bien un tampon hygiénique de la taille appropriée. Les tampons, que l'on trouve aussi dans les supermarchés et les pharmacies, sont vendus en trois ou quatre tailles différentes. La taille la plus petite peut être désignée par les mots « régulières » ou « junior », tandis que la taille la plus forte se reconnaîtra à l'appellation « super ». S'il s'agit de vos premières

167

menstruations, utilisez le tampon hygiénique le plus petit car il sera plus facile à insérer.

Si le tampon que vous utilisez est muni d'un applicateur, prenez le temps de bien voir comment il fonctionne. Si l'orifice de votre vagin est sec, lubrifiez le tampon avec un peu de salive, de la gelée de pétrole ou vaseline. N'utilisez surtout pas de crèmes ou des lotions pour lubrifier le tampon ; ces produits contiennent des substances chimiques qui risqueraient d'irriter la vulve et le vagin.

Il est important que vous soyez détendue pour insérer le tampon hygiénique. Si vous êtes tendue, vos muscles se contracteront et votre orifice vaginal se refermera.

Enlevez l'enveloppe extérieure, puis poussez l'extrémité du tampon, et de l'applicateur dans le vagin jusqu'à une profondeur de 1,25 centimètre à 2,5 centimètres. Vous devrez peut-être tenir le bout de l'applicateur pendant que vous poussez le tampon à l'intérieur du vagin. Certains tampons sont munis d'un applicateur à bâtonnet qui permet de pousser le tampon hygiénique dans le vagin. D'autres tampons n'ont aucun applicateur ; il faut les pousser en place avec le doigt.

Voici maintenant ce qu'on n'explique jamais dans le mode d'emploi des tampons hygiéniques. Si vous ne poussez pas le tampon assez loin, il vous causera un certain inconfort. Glissez un doigt dans votre vagin et contractez les muscles de cette région du corps ; vous sentirez que la paroi du vagin se referme. Le tampon hygiénique doit être poussé au-delà de ces muscles. Autrement, le tampon reste coincé entre les muscles et cause de l'inconfort. Lorsqu'un tampon est bien inséré, on ne peut plus le sentir. De plus, il n'y a aucun risque que le tampon glisse à l'extérieur du vagin car les muscles l'empêchent de redescendre.

Si l'insertion d'un tampon vous fait mal, utilisez plutôt une serviette hygiénique et prenez l'habitude d'étirer doucement l'orifice vaginal de la manière expliquée plus tôt. À la prochaine menstruation, essayez à nouveau d'utiliser un tampon.

Comme les serviettes, les tampons hygiéniques doivent être remplacés toutes les trois ou quatre heures. Par mesure de protection de l'environnement, il est recommandé de jeter les tampons et leurs applicateurs à la poubelle et non à la toilette.

Les tampons hygiéniques sont si confortables qu'on risque parfois d'oublier d'enlever le dernier à la fin de la période de menstruation. Si c'est le cas, il se développera éventuellement une odeur désagréable et un écoulement vaginal pourra se produire. Néanmoins, après avoir retiré le tampon, tout rentrera dans l'ordre.

La septicémie

Puisqu'il est question de serviettes et de tampons hygiéniques, c'est le moment de parler de la *septicémie*, une maladie souvent associée avec l'usage de ces produits. La plupart des personnes ayant souffert de septicémie étaient des femmes de moins de trente ans qui étaient menstruées lorsqu'elles sont tombées malades et qui utilisaient des tampons ou — moins fréquemment — des serviettes hygiéniques. Cependant, la septicémie pouvait aussi frapper des hommes, ainsi que des femmes plus jeunes ou plus âgées et qui n'étaient pas nécessairement menstruées au moment de l'apparition de la maladie.

La septicémie est une infection. Lorsqu'elle est associée à l'utilisation de tampons hygiéniques, l'infection commence dans le vagin. La maladie est causée par une bactérie qui produit une toxine qui se répand dans le sang. Ses premiers symptômes sont généralement une fièvre subite accompagnée de vomissements et de diarrhée. Elle est parfois accompagnée de maux de tête, de maux de gorge et de douleurs musculaires. En moins de 48 heures, la pression artérielle du malade peut chuter considérablement et entraîner une grande faiblesse. Des rougeurs qui ressemblent à une insolation peuvent alors apparaître. Même si la septicémie est rarement fatale, certaines femmes en sont mortes.

Personne ne sait exactement quel rapport il y a entre les tampons hygiéniques et cette maladie, mais la plupart des femmes qui en ont souffert portaient des tampons lorsqu'elles sont tombées malades. La plupart utilisaient des tampons d'une marque spécifique, les tampons RELY. Un certain nombre utilisaient toutefois d'autres marques de tampons, ou encore des serviettes hygiéniques. La maladie a commencé à se répandre à peu près au moment où les tampons RELY ont été mis sur le marché. Ces tampons contenaient une nouvelle fibre superabsorbante et jouissaient d'une grande popularité.

Certains chercheurs ont conclu que cette nouvelle fibre était la cause du problème. Selon une théorie, les fibres absorbaient tant de sang que les femmes changeaient de tampon moins souvent. Le sang restait donc plus longtemps dans le vagin. Or, comme nous l'avons vu, le sang constitue un milieu idéal pour le développement des bactéries. Si la bactérie spécifique à la septicémie se trouve dans le vagin et y reste trop longtemps, elle se multipliera et produira assez de toxines pour entraîner la maladie. D'autres chercheurs ont attribué la responsabilité de la maladie à la rugosité des fibres, qui causaient des éraflures microscopiques dans le vagin. Selon eux, les toxines se répandaient dans le sang par ces éraflures.

Dès que la septicémie a commencé à faire les manchettes, les femmes ont cessé d'utiliser les tampons hygiéniques. Cependant, comme les serviettes hygiéniques sont plus encombrantes, plus irritantes et plus susceptibles de dégager des odeurs, de nombreuses femmes sont revenues aux tampons. La septicémie est une maladie rare, qui ne frappe qu'environ 6 femmes sur 100 000. Vous ne courrez donc pas un très grand risque en utilisant des tampons hygiéniques.

Si vous utilisez des tampons hygiéniques, remplacez-les toutes les trois ou quatre heures. Changez toujours de tampon avant de vous mettre au lit et dès votre réveil. Mieux encore, utilisez une serviette hygiénique pour la nuit. Si vous avez une fièvre soudaine (plus de 102°F ou 39,5°C) accompagnée de vomissements, retirez le tampon et consultez immédiatement un médecin.

Peut-on faire ceci ou cela?

Mes élèves me demandent toujours si elles peuvent faire telle ou telle chose pendant leurs menstruations. «Puis-je prendre un bain ou une douche? Puis-je me laver les cheveux? Puis-je faire de l'équitation ? Puis-je suivre le cours d'éducation physique ? Puis-je avoir des relations sexuelles ? Puis-je boire ou manger froid ? »

La réponse à toutes ces questions est « oui ». En réalité, vous pouvez faire tout ce que vous faites en d'autre temps. Bien entendu, si vous voulez faire de la natation alors que vous êtes menstruée, il serait préférable d'utiliser un tampon plutôt qu'une serviette hygiénique.

Vous avez peut-être entendu dire qu'il ne fallait prendre aucun bain ni douche pendant les menstruations. C'est tout à fait faux. Au contraire, comme vous risquez de transpirer plus abondamment au cours de cette période, il est souhaitable que vous preniez un bain ou une douche chaque jour. On vous a peut-être aussi raconté que les boissons ou les aliments froids, tout comme les exercices violents, peuvent entraîner des écoulements plus abondants, prolonger la menstruation ou causer des crampes. C'est tout aussi faux. En réalité, l'exercice peut même permettre de soulager les crampes.

Les douches vaginales

Certaines femmes aiment prendre une douche vaginale à la fin de leur menstruation. Il s'agit là d'une méthode pour nettoyer l'intérieur du vagin. Plusieurs médecins ne recommandent pas les douches vaginales. Premièrement, elles ne sont pas nécessaires. Les parois du vagin sécrètent des liquides qui en assurent naturellement la propreté. Deuxièmement, les douches vaginales présentent un léger risque d'infection. Malgré tout, certaines

172

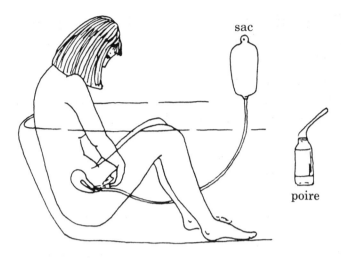

Illustration 34 : Les douches vaginales

femmes font appel à cette méthode qui leur permet de se sentir plus propres.

Vous pouvez vous donner une douche vaginale avec un mélange de un peu moins de 30 ml (2 c. à soupe) de vinaigre blanc dilué dans un litre d'eau. Vous pouvez également vous procurer un mélange préparé à l'avance que vous trouverez dans les pharmacies. Certains de ces mélanges peuvent cependant irriter le vagin. Deux types d'accessoires sont utilisés pour les douches vaginales : le sac et la poire (Illustration 34).

La poire est munie d'une canule (un petit tuyau) que l'on insère dans le vagin. Il suffit de comprimer la poire pour pousser le mélange à l'intérieur du vagin. On trouve aujourd'hui des poires jetables contenant un mélange spécial ou une dilution d'eau et de vinaigre. Le sac pour douche vaginale, qui ressemble à une bouillotte munie d'un long tube, est probablement plus efficace que la poire.

L'extrémité du tube est munie d'une canule qu'on insère dans le vagin après avoir rempli le sac du mélange désiré. Il suffit ensuite de s'asseoir dans la baignoire, d'insérer la canule dans le vagin et de tenir le sac environ un pied plus haut que les hanches. Une pince fixée au tube permet de laisser s'écouler le mélange par gravité. Après en avoir nettoyé les parois, le mélange s'écoule du vagin par l'orifice vaginal. Plus le sac est placé haut, plus la pression du jet sera forte à l'intérieur du vagin. Il n'est toutefois pas recommandé de placer le sac à plus de 30 cm au-dessus des hanches ; en effet, une trop forte pression pourrait pousser des bactéries jusque dans l'utérus et causer une infection.

Le sac doit être lavé à l'eau savonneuse avant et après usage. Les accessoires pour douches vaginales ne devraient jamais être partagés, car ils pourraient transmettre des infections. Avant chaque douche, vérifiez si la canule est en bon état, car la moindre fissure pourrait blesser les tissus fragiles du vagin ou constituer un nid infectieux.

Les crampes

Presque toutes les femmes ont des crampes à un moment ou à un autre de leur vie. Elles peuvent souvent se produire avant ou pendant les menstruations. Ces crampes peuvent prendre la forme d'une vague douleur ou encore d'un mal aigu et insupportable. La plupart des femmes n'ont que de faibles crampes à l'occasion. Rares sont les femmes qui éprouvent de fortes douleurs à chaque menstruation.

Personne ne sait pourquoi les femmes ont des crampes durant leurs menstruations, mais il existe plusieurs théories. L'une d'entre elles attribue les crampes aux contractions rythmiques de l'utérus qui ont pour fonction d'expulser le flot menstruel. Les femmes sensibles peuvent considérer ces contractions comme des crampes. Une autre théorie veut que les crampes soient causées par une quantité excessive d'une hormone appelée *prostaglandine*. Cette hormone favorise les contractions de l'utérus et l'on a remarqué que les femmes qui souffraient de crampes avaient un taux de prostaglandine plus élevé que les autres.

Les théories ne manquent pas. Une théorie très populaire prétend que les crampes sont «dans la tête». Ce sont surtout les médecins — majoritairement mâles — qui défendent cette théorie. Plusieurs femmes y souscrivent également mais, si vous avez déjà souffert de crampes menstruelles douloureuses, vous savez très bien que ça ne se passe pas dans la tête. Ça se passe dans le ventre — et ça fait mal.

Si vous souffrez de crampes, vous pouvez faire appel à différents trucs. Par exemple, les exercices présentés à l'illustration 35 se sont révélés efficaces pour plusieurs femmes.

Si ces méthodes se révèlent inefficaces, vous pouvez prendre un analgésique contenant ou non de l'aspirine. L'aspirine est plus efficace, car elle a pour effet de réduire l'activité de la prostaglandine. Il

Exercice 1

Soulever graduellement la tête et la poitrine sans utiliser les bras.

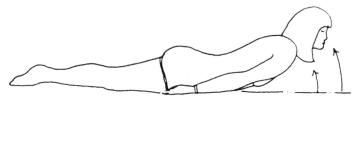

À l'aide des bras, soulever le tronc plus haut et arquer le dos. Répéter plusieurs fois.

Illustration 35 : Des exercices pour soulager les crampes menstruelles

Exercice 2

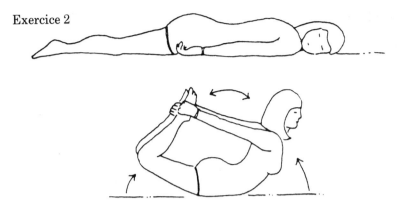

Couchez sur le ventre, saisir les chevilles avec les deux mains et tirer vers l'arrière de la tête. Faire basculer doucement le corps vers l'avant et vers l'arrière. Répéter plusieurs fois.

Exercice 3

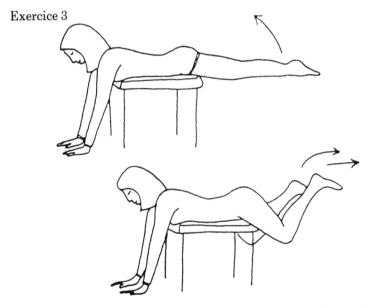

Couchée sur une table à deux ou trois pieds du sol, poser les mains sur le plancher. Plier les genoux et amener les talons vers les fesses. Dans un mouvement continu, étendre à nouveau les jambes. Répéter l'exercice pendant six minutes.

177

existe aussi d'autres médicaments conçus spéciale-
ment pour les douleurs menstruelles. Ceux-ci contiennent habituellement de la caféine et peuvent parfois
réussir là où l'aspirine seule à échoué.

Si vous avez tout essayé et si vous souffrez encore
de crampes, consultez un médecin. Les crampes
douloureuses peuvent être le symptôme d'un problème
plus grave. Le médecin pourra également vous
prescrire un analgésique plus puissant que vous ne
pourriez vous procurer sans prescription.

Si vous souffrez de crampes douloureuses, il se
peut que votre entourage et même votre médecin
prétendent que « tout est dans votre tête ». Si c'est le
cas, ignorez votre entourage et trouvez un autre
médecin. Il est peu probable que vous imaginiez vos
crampes. Trop de femmes ont longuement souffert
inutilement à cause de cette attitude. Si vous souffrez
de crampes menstruelles, vous avez droit à un
traitement médical. Exigez-le !

Les changements menstruels

Plusieurs femmes connaissent des changements
dans leur corps ou dans leurs émotions à un moment
ou à un autre du cycle menstruel. Moi, par exemple,
je déborde d'énergie pendant mes menstruations et
je me lance souvent dans les travaux domestiques
(ce qui est très bien, car en d'autres temps ce n'est pas
mon fort). Environ une semaine et demie avant le
début de la menstruation, mes seins gonflent un peu
et deviennent très sensibles — quand ce n'est pas
carrément douloureux. (Cela n'est apparu chez moi
que vers la trentaine.) J'ai aussi souvent remarqué
une modification dans l'évacuation des selles au

cours de mes menstruations. Parfois, j'ai une légère diarrhée ; d'autres fois, je suis constipée pendant un jour ou deux. J'éprouve parfois de faibles crampes ou une sensation de pression sur le bas-ventre lorsque je suis menstruée. Au cours des premiers jours de la menstruation, j'ai à l'occasion une sensation que j'appelle le «vagin de plomb». Mon vagin et ma vulve me semblent aussi lourds que s'ils étaient en plomb. (Ce n'est pas vraiment ausi grave, mais je trouve que l'expression «vagin de plomb» décrit bien la sensation que j'éprouve.) Je sais toujours vers quelle période se produit l'ovulation, car j'éprouve alors de forts désirs sexuels.

La plupart des jeunes filles et des femmes que nous avons rencontrées nous ont aussi parlé de changements physiques ou émotionnels qui semblaient reliés au cycle menstruel. La majorité de ces changements se produisaient pendant les menstruations ou au cours de la semaine qui précédait. La liste qui suit énumère les différents changements que vous êtes susceptibles d'observer au cours des menstruations ou juste avant.

— surplus d'énergie
— manque d'énergie ou fatigue
— instabilité émotionnelle
— tension ou anxiété
— dépression
— gonflement des articulations
— sentiment de bien-être

— plus grande créativité
— goût de sucreries
— boutons, acné ou autres
— problèmes de peau
— éclat rosé de la peau
— plus grand désir sexuel
— constipation
— maux de tête

- troubles de la vue
- diarrhées
- gonflement du ventre
- ballonnements
- gain de poids tempo-
  raire (généralement
  de 1 à 3 kg)
- manque de
  concentration
- meilleure
  concentration
- plus grand appétit
- plus grande soif
- crampes

- besoin fréquent
  d'uriner
- maux de dos
- infection des voies
  urinaires
- modification de
  l'écoulement vaginal
- nausées
- écoulements nasaux
- irritations dans la
  bouche
- gonflement et sensi-
  bilité des seins

Chez certaines femmes, ces modifications sont très évidentes, tandis que chez d'autres, elles sont presque imperceptibles. Certaines femmes ne remarquent même aucun changement, ni physique, ni émotionnel, qui soit relié au cycle menstruel.

Le syndrome prémenstruel

Certaines femmes éprouvent régulièrement un ou plusieurs des malaises énumérés ci-dessus au cours des sept à dix jours qui précèdent leurs menstruations. Ces femmes souffrent du syndrome prémenstruel. Personne ne sait au juste quelle est la cause de ce syndrome. Certains médecins l'attribuent à un manque de vitamines et à des carences nutritionnelles; d'autres estiment qu'il est causé par un déséquilibre hormonal.

Dans sa forme bénigne, le syndrome prémenstruel est très répandu. Jusqu'à 40 pour cent des femmes éprouvent des symptômes du syndrome prémenstruel à un moment ou à un autre de leur vie. Il est très courant, par exemple, qu'une femme éprouve des ballonnements, ait des boutons et les seins gonflés dans la semaine qui précède sa menstruation.

Si vous éprouvez certains symptômes bénins du syndrome prémenstruel, vous pourrez les soulager en éliminant le sucre, le café et le chocolat et votre régime alimentaire, en mangeant des mets équilibrés riches en vitamine B_6 et en magnésium (légumes verts, céréales entières, noix et graines) et en prenant un supplément vitaminique comprenant les vitamines du complexe B. Certains médecins utilisent des hormones pour traiter le syndrome prémenstruel, mais d'autres ne sont pas convaincus de l'efficacité d'un tel traitement.

Si vous croyez souffrir du syndrome prémenstruel, consultez un médecin qui est familier avec cette maladie.

L'absence de menstruation

Lorsqu'une femme devient enceinte, elle cesse d'être menstruée pendant les neuf mois que dure sa grossesse. Après l'accouchement, les menstruations pourront recommencer en moins d'un mois ou au terme de plusieurs mois. Les femmes cessent également d'être menstruées au moment de la ménopause. Cependant, la ménopause, la grossesse et l'accouchement ne sont pas les seuls facteurs pouvant provoquer une absence de menstruation. Comme nous l'avons vu plus tôt, les jeunes femmes qui commencent à être menstruées sautent parfois une ou plusieurs menstruations de façon régulière.

Même plusieurs années après la puberté, une femme peut à l'occasion sauter une ou plusieurs menstruations. Cela est tout à fait normal et il n'y a pas de quoi s'inquiéter. Néanmoins, si vous n'avez pas eu de relation sexuelle et si vous sautez trois menstruations de suite, il serait sage de consulter un médecin. Cela ne veut toutefois pas nécessairement dire que quelque chose ne va pas. Si vous avez eu une relation sexuelle et si vous sautez une menstruation, allez voir un médecin *tout de suite*, car il se peut que vous soyez enceinte.

Ce ne sont pas toutes les femmes qui sont menstruées tous les 21 ou 35 jours. Certaines femmes ne sont menstruées qu'une ou deux fois par année; c'est ainsi que leur organisme fonctionne. Il arrive cependant que le fait de sauter une ou plusieurs menstruations indique que quelque chose ne va pas. Donc, si vous sautez trois menstruations de suite, il est recommandé de consulter un médecin afin qu'il puisse déterminer si vous avez besoin de soins.

Les menstruations irrégulières

Il y a aussi d'autres irrégularités menstruelles qui peuvent se produire de temps à autre. Comme nous l'avons vu précédemment, certains mois, vos menstruations pourront être plus abondantes que d'autres. Cela est normal, mais il peut arriver que le saignement soit excessif. Si vous retirez une serviette ou un tampon hygiénique complètement imbibé de sang toutes les heures pendant une journée entière, consultez un médecin.

Il arrive parfois que la menstruation ne s'arrête pas. Si votre menstruation se prolonge de plus d'une semaine sans donner le moindre signe de ralentissement, il est encore une fois recommandé de consulter un médecin. Si vous êtes menstruée depuis sept jours et que le sang continue de s'épancher un peu, il n'y a rien là d'inquiétant ; mais, si le sang s'écoule aussi fortement qu'au début de la menstruation, vous avez peut-être un problème.

Il arrive parfois que les menstruations soient très rapprochées dans le temps. Comme nous l'avons vu plus tôt, les voyages, la maladie et les émotions fortes peuvent hâter ou retarder les menstruations. Cependant, si vous connaissez trois cycles menstruels consécutifs de moins de 18 jours ou de plus de 35 jours, il serait avisé de consulter un médecin.

Certaines femmes ont des saignements légers d'un jour ou deux entre leurs menstruations. Il n'est pas rare qu'une femme saigne ainsi pendant un jour ou deux dans la période de l'ovulation. En exerçant un suivi de votre cycle menstruel (Illustration 36) et en y indiquant les jours où se produisent ces saignements, vous pourrez déterminer s'ils sont reliés ou non à l'ovulation. Soustrayez deux semaines du premier jour de la menstruation suivante. Si les saignements se sont produits environ deux semaines avant le début de la menstruation, ils sont probablement reliés à l'ovulation et ne présentent aucune raison de s'en inquiéter. Si toutefois les saignements se produisent à un autre moment et se répètent pendant plus de trois cycles menstruels, vous devriez encore une fois consulter un médecin.

Il s'agit bien sûr ici de conseils généraux destinés à vous aider à déterminer en quelles circonstances vous devez consulter votre médecin en rapport avec des irrégularités menstruelles. Si vous croyez que vos menstruations présentent quelque chose d'anormal et que cela vous inquiète, n'hésitez pas à vous confier à votre médecin. Les irrégularités menstruelles sont généralement sans gravité, mais elles peuvent parfois être le signe d'un problème qui exige un traitement. N'hésitez donc pas à consulter un médecin afin d'avoir l'esprit tranquille.

Le suivi du cycle menstruel

C'est une excellente habitude que d'exercer un suivi de son cycle menstruel. De cette façon, vous comprendrez mieux le fonctionnement de votre organisme et vous pourrez prévoir vos prochaines menstruations. (N'oubliez pas qu'au début vos menstruations pourront être irrégulières).

Vous n'aurez besoin que d'un calendrier. Le premier jour de votre menstruation — c'est-à-dire le premier jour du saignement — faites un X sur la date correspondante. Faites ensuite un X sur chaque jour que dure la menstruation. Vous pourrez ainsi compter combien il y a de jours entre chaque début de menstruation et déterminer approximativement la durée habituelle de votre cycle menstruel (Illustration 36).

Vous pourrez aussi utiliser ce calendrier pour y noter les jours où se produisent des crampes, des douleurs ou tout autre changement menstruel. Par exemple, si vous éprouvez un goût irrésistible pour des sucreries, si vous vous sentez tendue ou si vos seins sont sensibles, notez-le sur le calendrier. Vous apprendrez ainsi à mieux connaître les réactions de votre organisme.

D	L	M	M	J	V	S
		1	2	3	4	5
6	7	8	~~9~~	~~10~~	~~11~~	~~12~~
~~13~~	~~14~~	15	16	17	18	19
20	21	22	23	24	25	26
27	28	29	30			

D	L	M	M	J	V	S
				1	2	3
4	5	6	7	~~8~~	~~9~~	~~10~~
~~11~~	~~12~~	13	14	15	16	17
18	19	20	21	22	23	24
25	26	27	28	29	30	

Illustration 36 : Le suivi du cycle menstruel. Pour exercer un suivi de votre cycle menstruel, utilisez simplement un calendrier. Dans le cas ci-dessus, la première menstruation a commencé le 9 et s'est poursuivie pendant cinq autres jours. La deuxième menstruation a commencé le 8 du mois suivant pour durer cinq jours au total. La durée du cycle correspond au nombre de jours qui séparent les premiers X de chaque menstruation. Dans ce cas-ci, le cycle menstruel est de 28 jours.

Chapitre 8
La puberté chez les garçons

Ce livre est destiné aux jeunes filles et veut leur faire mieux comprendre les transformations que leurs corps subissent à la puberté. Les jeunes filles ne sont toutefois pas les seules à traverser cette période et les corps des garçons aussi subissent des changements à la puberté. Comme la plupart des jeunes filles sont curieuses à l'endroit du corps masculin, nous avons décidé d'inclure dans ce livre un court chapitre sur la puberté chez les garçons (Illustration 37).

Sous plusieurs aspects, la puberté chez les garçons ressemble beaucoup à la puberté chez les filles. Dans les deux cas, on observe une poussée de croissance et des modifications à la silhouette. Les garçons tout comme les filles, voient de nouveaux

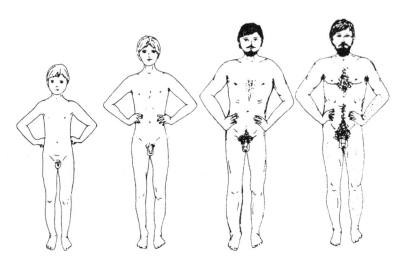

Illustration 37 : La puberté chez les garçons. Tout comme les filles, les garçons traversent une période de puberté. Ils grandissent, leurs épaules deviennent plus larges, leur corps se couvre de muscles, leurs organes génitaux se développent et des poils commencent à pousser sur leur poitrine, leurs bras, leurs jambes, leurs organes génitaux et leur visage.

poils apparaître dans la région pubienne et sur d'autres parties du corps. Les jeunes filles produisent un ovule pour la première fois, tandis que les garçons commencent à fabriquer des spermatozoïdes — la contrepartie mâle de l'ovule. Chez les deux sexes, les organes génitaux se développent et deviennent plus gros. À la puberté, les garçons comme les filles commencent à transpirer plus abondamment et ont tendance à avoir des boutons.

Cependant, les garçons sont différents des filles et leur puberté présente certaines différences. Tout d'abord, la puberté commence habituellement plus tôt chez les filles. En moyenne, une jeune fille entrera dans sa période de puberté deux ans plus jeune qu'un garçon. Certaines jeunes filles commencent plus tôt, d'autres plus tard. Il en va de même des garçons. Certains d'entre eux pourront même commencer leur puberté avant certaines filles de leur âge.

Comme les garçons et les filles sont différents, certaines transformations se produisent exclusivement chez les uns ou chez les autres. Par exemple, il est évident que les garçons ne commencent pas à avoir des menstruations. Par ailleurs, certaines transformations — comme le changement du timbre de la voix — ne se produisent que chez les garçons.

La circoncision

L'illustration 1 de ce livre montre les organes génitaux externes de l'homme. Vous voudrez peut-être revoir cette illustration afin de vous remémorer les noms des différentes parties des organes génitaux masculins.

L'illustration 1 montre un pénis qui a été *circoncis*. La circoncision est une intervention chirurgicale par laquelle le prépuce — c'est-à-dire la peau qui recouvre le gland — est enlevé partiellement ou complètement. La circoncision est généralement pratiquée peu après la naissance du garçon, mais elle peut aussi se faire plus tard. Tous les hommes ne sont pas circoncis. Chez ceux qui ne le sont pas, le prépuce recouvre le gland. Comme on peut le voir à l'illustration 38, le prépuce est lâche et peut être retiré pour découvrir le gland.

La circoncision répond parfois à une tradition religieuse. Chez les juifs et les musulmans, plusieurs bébés mâles sont circoncis pour de telles raisons. Jusqu'à récemment, la plupart des Nord-Américains

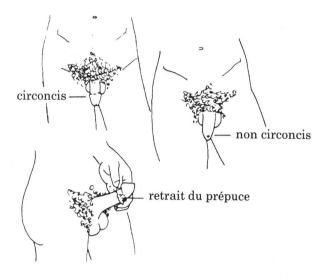

circoncis

non circoncis

retrait du prépuce

Illustration 38 : Pénis circoncis et non circoncis

étaient circoncis, même s'ils n'étaient ni juifs, ni musulmans. Les médecins encourageaient les parents à faire circoncire leurs garçons comme mesure préventive du cancer du pénis. Aujourd'hui, les médecins ne sont plus aussi convaincus qu'il existe un lien entre la circoncision et le cancer du pénis. De plus, ce type de cancer est très rare. C'est pourquoi un grand nombre de parents hésitent maintenant à imposer la douleur d'une circoncision à un nouveau-né. De plus en plus de parents décident au contraire de ne pas faire circoncire leur garçon.

La seule différence qui existe entre un homme circoncis et un homme qui ne l'est pas est la présence ou l'absence du prépuce. Cela mis à part, leurs pénis sont identiques à tous points de vue.

Le pénis et le scrotum

Le pénis est formé de tissus caverneux. À l'intérieur se trouve un conduit nommé *urètre*. L'urine passe par ce conduit pour être évacuée par un orifice situé au bout du gland. Lorsqu'un homme éjacule, le sperme passe par ce même conduit et est expulsé par ce même orifice. (La vessie est munie d'une soupape qui empêche l'urine et le sperme d'être évacués en même temps.)

Sous le pénis se trouve le scrotum, cette enveloppe de peau qui contient les deux testicules. Les testicules sont des organes très sensibles et le moindre coup peut être très douloureux.

Les cinq étapes du développement des organes génitaux

L'apparence extérieure du pénis et du scrotum change au cours de la puberté. Durant l'enfance, le scrotum est serré contre le corps. À la puberté, le scrotum devient plus lâche et commence à pendre. Lorsqu'un homme a froid, a peur ou éprouve un désir sexuel, son scrotum pourra se resserrer contre le corps pendant un certain temps. Le pénis et le scrotum deviennent également plus gros au cours de la puberté, tandis que des poils commencent à pousser autour des organes génitaux.

Tout comme ils ont divisé le développement des seins et des poils du pubis en cinq étapes, les médecins ont également identifié cinq étapes dans le développement des organes génitaux masculins (Illustration 39).

L'étape 1 va de la naissance jusqu'au début de l'étape 2. Même si on y observe une légère croissance,

191

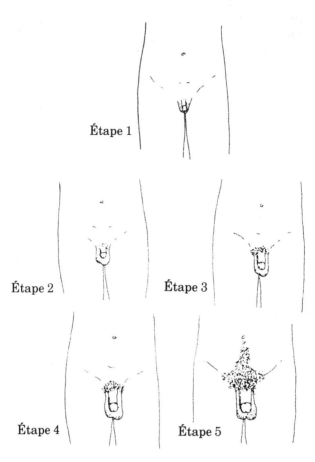

Étape 1

Étape 2

Étape 3

Étape 4

Étape 5

Illustration 39 : Les cinq étapes du développement des organes génitaux chez l'homme.

le pénis, le scrotum et les testicules changent très peu au cours de cette étape.

Au cours de l'étape 2, les testicules commencent à grossir et à pendre un peu. L'un des deux testicules peut descendre plus bas que l'autre. La peau du scrotum devient plus foncée et prend une texture plus rugueuse. Le pénis commence lui aussi à augmenter de taille.

Au cours de l'étape 3, le pénis devient plus long et un peu plus large. Les testicules et le scrotum continuent à grossir tandis que la peau du scrotum et du pénis peut devenir encore plus foncée.

À l'étape 4, le pénis a considérablement augmenté sa taille en longueur et en largeur. Les testicules et le scrotum ont également pris de l'ampleur. La peau du pénis et du scrotum peut être devenue encore plus foncée.

L'étape 5 correspond à l'âge adulte. Le pénis a atteint sa longueur et sa largeur définitives, tandis que les testicules et le scrotum sont complètement développés.

Les organes génitaux d'un garçon peuvent commencer à se développer dès l'âge de neuf ans, mais certains garçons n'entrent dans la puberté qu'à 15 ans ou plus. En moyenne, la puberté chez les garçons commence vers l'âge de onze ou douze ans. Cependant, tout comme chez les filles, certains garçons commencent plus tôt et d'autres plus tard. La plupart des garçons mettent entre trois et quatre ans pour passer de l'étape 2 à l'étape 5. Néanmoins, certains pourront y mettre moins de deux ans alors que d'autres devront attendre cinq ans ou plus.

Le fait d'entreprendre la puberté jeune ou moins jeune n'a aucune incidence sur la durée des étapes. Certains garçons précoces se développent rapidement alors que d'autres se développent lentement. Cela est également vrai des garçons qui entrent tardivement dans la puberté : certains se développent rapidement, d'autres lentement. L'âge du début de la puberté n'a non plus rien à voir avec la taille qu'aura le pénis à l'âge adulte. Les garçons précoces pourront atteindre l'étape 5 avec un petit ou un gros pénis et il en est de même pour ceux qui entreprennent tardivement la puberté. Tout comme la grosseur des seins n'a rien à voir avec la féminité d'une femme, la grosseur du pénis n'a aucun rapport avec la virilité d'un homme.

Les poils pubiens et les autres poils

Au cours de la puberté, des poils pubiens apparaissent aussi sur le corps des garçons. Les poils pubiens des garçons sont semblables à ceux des filles. Au début, il n'y a que quelques poils légèrement bouclés puis, avec la progression de la puberté, les poils deviennent plus nombreux, plus frisés et plus foncés. Les premiers poils pubiens apparaissent autour de la base du pénis. Quelques poils poussent ensuite sur le scrotum. Avec l'âge, des poils commencent à pousser à partir du bas-ventre jusqu'au nombril. Des poils peuvent également apparaître autour de l'anus et sur les cuisses. Les poils pubiens n'apparaissent habituellement qu'après que les testicules aient commencé à se développer.

Chez les garçons, les poils des aisselles commencent aussi à pousser à la puberté. Généralement, ces poils n'apparaissent qu'environ un an après le début de la croissance des poils pubiens. Il arrive cependant que des garçons aient des poils aux aisselles avant des poils pubiens.

À la puberté, des poils apparaissent également sur le visage des garçons. Les poils commencent généralement à pousser aux extrémités de la lèvre supérieure. Les favoris peuvent également faire leur apparition vers la même période. Puis, la moustache continue à pousser et des poils apparaissent sur la partie supérieure des joues et juste sous le centre de la lèvre inférieure. Finalement, des poils viennent couvrir le menton. Habituellement, les poils ne commencent à pousser sur le menton que lorsque les organes génitaux sont complètement développés. En moyenne, les poils du visage commencent à pousser entre 14 et 18 ans, mais il existe encore là de nombreuses exceptions.

Les poils des jambes et des bras deviennent chez les garçons plus foncés et plus épais au cours de la puberté. Chez certains garçons, des poils commencent également à couvrir la poitrine et le dos. Certains hommes ont beaucoup de poils sur la poitrine alors que d'autres en ont très peu.

Le changement de la silhouette

Si la silhouette des jeunes filles prend des rondeurs à la puberté, celle des garçons devient plus musclée. Les épaules deviennent plus larges, tandis que les jambes et les bras prennent de l'épaisseur. À la puberté, les garçons connaissent également une période de croissance accélérée. La poussée de croissance est chez les garçons bien plus forte que chez les filles. Elle dure plus longtemps et, de façon générale, les garçons atteignent une taille supérieure à celle des filles. Cette poussée de croissance se produit habituellement environ deux ans plus tard que chez les filles. Règle générale, elle ne commence que lorsque le pénis a commencé à se développer.

Les transformations de la peau

La peau des garçons, tout comme celle des filles, subit des modifications à la puberté. Les glandes devenant plus actives, un grand nombre de garçons ont des boutons. Les garçons commencent aussi à transpirer plus abondamment et leur sueur peut présenter une odeur différente. Tout comme les jeunes filles, les garçons peuvent voir apparaître des taches pourpres, habituellement sur la peau des fesses et des cuisses. Avec l'âge, ces marques disparaîtront.

Les seins

Les seins des garçons ne se transforment bien sûr pas autant que ceux des filles à la puberté. Néanmoins, les aréoles des garçons s'élargissent au cours de cette période. Les seins de la plupart des garçons gonflent légèrement à la puberté et peuvent parfois devenir sensibles ou douloureux. Ce léger gonflement se produit généralement au cours de l'étape 2 ou de l'étape 3 et il peut toucher les deux seins ou un seul d'entre eux. Il peut durer quelques mois ou un an, ou encore se poursuivre pendant plus de deux ans. Un jour, cependant, le gonflement se résorbe.

La voix

La voix des garçons change au cours de la puberté pour devenir plus grave. Pendant cette période, certains garçons ont une voix fêlée qui passe des graves aux aiguës. Cette voix fêlée peut disparaître après quelques mois, mais peut aussi persister pendant un an ou deux.

Les érections

Nous avons déjà effleuré le sujet des érections au chapitre 1. Lorsqu'un homme a une érection, un afflux de sang vient gonfler les tissus caverneux de son pénis. En se contractant, les muscles qui se trouvent à la base du pénis empêchent le sang d'en ressortir. Le pénis devient alors plus dur, plus long et plus large, il prend habituellement une teinte plus foncée et il se redresse (Illustration 40).

Les hommes ont des érections à toutes les époques de leur vie, même lorsqu'ils sont bébés. Le simple fait de toucher le pénis ou le scrotum peut entraîner une érection. Les désirs et les fantasmes sexuels ont aussi pour effet de causer des érections. Néanmoins, les hommes peuvent également avoir des érections, même s'ils n'éprouvent aucun désir et même si leurs organes génitaux ne sont pas touchés. Certains hommes se réveillent le matin en érection. Il arrive aussi que l'envie d'uriner puisse entraîner une érection.

À la puberté, les garçons ont des érections plus fréquentes. C'est au cours de cette période qu'ils commencent à avoir ce qu'on appelle des « érections spontanées ». Les érections spontanées sont des érections qui surviennent toutes seules, même si le pénis ou le scrotum n'ont pas été touchés.

Les érections spontanées peuvent être très gênantes pour un garçon. Elles peuvent se produire à l'école, à la maison, dans la rue ou n'importe où ailleurs. On croit souvent que les filles sont beaucoup

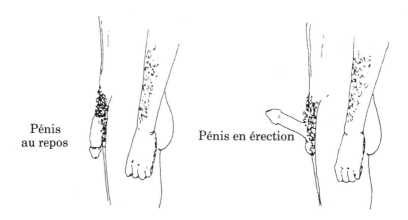

Pénis au repos

Pénis en érection

Illustration 40 : Pénis au repos et en érection. Au cours d'une érection, les tissus caverneux du pénis se gonflent de sang. Le pénis se redresse et devient alors plus dur.

plus embarrassées que les garçons par les transformations qui se produisent à la puberté : développement des seins, premières menstruations, etc. C'est une erreur. Les garçons qui suivent mes cours m'ont raconté toutes sortes d'anecdotes en rapport avec leurs érections spontanées et leur crainte que les gens qui les entourent les remarquent.

Lorsqu'un homme a une érection, deux choses peuvent se produire. L'érection peut s'en aller d'elle-même, les muscles à la base du pénis se détendant et laissant le sang s'en échapper. L'homme peut également se masturber ou avoir une relation sexuelle jusqu'à l'orgasme. Pendant l'orgasme, les muscles à la base du pénis se contractent et se détendent d'une manière rythmique. Peu de temps après, ils se détendent complètement, le sang se retire du pénis et celui-ci redevient mou.

198

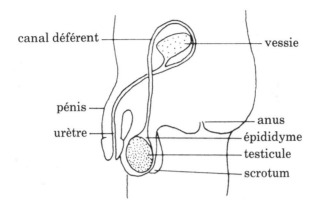

**Illustration 41 : Vue en coupe du pénis, du scrotum
et des testicules**

Le sperme et l'éjaculation

Tout comme les filles, les garçons produisent leurs premiers germes de vie à la puberté : les spermatozoïdes. La vue en coupe de l'illustration 41 montre l'intérieur du pénis et du scrotum. Les spermatozoïdes sont fabriqués dans de petits tubes qui sont enroulés à l'intérieur des testicules. Ils sont ensuite acheminés par ces tubes jusqu'à l'*épididyme*, une sorte de réservoir pour les spermatozoïdes. Les spermatozoïdes restent dans l'épididyme pendant environ six semaines avant d'atteindre leur maturité. Ils quittent alors l'épididyme par un autre tube appelé *canal déférent* jusqu'à deux autres réservoirs situés à l'extérieur des testicules que l'on nomme *vésicules séminales*.

Pour se rendre des vésicules séminales jusqu'à l'extérieur du corps, les spermatozoïdes empruntent l'urètre — le conduit qui passe au centre du pénis.

L'urine passe également par ce même conduit, mais le sperme et l'urine ne peuvent y circuler en même temps. En effet, la vessie est munie d'une petite soupape qui empêche l'urine de sortir lorsqu'une éjaculation est imminente.

Comme nous l'avons vu au chapitre 1, lorsqu'un homme éjacule, les muscles du pénis se contractent pour pousser le sperme dans l'urètre jusqu'à l'orifice du pénis. Tout comme la première menstruation constitue un moment marquant pour les jeunes filles, la première éjaculation est un fait saillant pour les garçons.

Un garçon peut connaître sa première éjaculation alors qu'il se masturbe. Ce fut le cas de nombreux élèves de ma classe. D'autres éjaculent pour la première fois durant leur sommeil. C'est ce qu'on appelle une *pollution nocturne.* Le garçon se réveille et trouve sur son ventre ou sur son pyjama 15 ou 30 ml de liquide blanc et crémeux. Si le garçon n'y est pas préparé, l'expérience peut se révéler inquiétante.

Par les pollutions nocturnes, l'organisme évacue les surplus de sperme. Si un garçon se masturbe souvent, il ne connaîtra peut-être pas l'expérience des pollutions nocturnes. En effet, la masturbation permet également de vider les testicules de leur excédent de sperme.

Comme on peut le constater, les garçons aussi connaissent d'importantes transformations au cours de la puberté. Tout comme celui des filles, leur corps se transforme et se prépare en vue de la reproduction.

Chapitre 9
La sexualité

Est-ce normal qu'une jeune fille de treize ans, qui a eu sa première menstruation, pense toujours au sexe et aux garçons ?

Cette question a été tirée de ma boîte à questions. Durant mes cours, je dois répondre à de nombreuses questions de ce genre, car plusieurs jeunes éprouvent de forts désirs sexuels au cours de la puberté. Pour certaines jeunes filles, il s'agit d'une envie irrésistible de se masturber ou de se livrer à des fantasmes d'ordre sexuel. Pour d'autres, cela prend la forme d'un attrait sexuel et romantique pour quelqu'un d'autre avec qui elles s'imaginent vivre un amour passionné. De telles passions peuvent être très intenses. Elles peuvent même sembler occuper tout votre esprit. Certaines jeunes filles en deviennent même si obsédées que cela leur fait un peu peur. Il est bon de savoir que ces sentiments sont tout à fait normaux et que plusieurs adolescents les éprouvent.

Ce ne sont pas toutes les adolescentes qui connaissent de telles passions au cours de la puberté. Certaines sont trop absorbées par leurs études, leurs activités sportives, leurs loisirs ou leurs autres occupations pour penser à l'amour ou au sexe. Néanmoins, comme la puberté a pour effet de réveiller les instincts sexuels, cette question présente un grand intérêt pour plusieurs.

Nous aborderons dans les pages suivantes le sujet de la sexualité — un sujet très vaste. Les gens ont souvent tendance à restreindre la sexualité aux relations sexuelles. En réalité, la sexualité est beaucoup plus large. Les baisers, les caresses, le désir, l'amour, le romantisme, les fantasmes sexuels et la masturbation sont autant de manifestations de la sexualité. Il faudrait un livre entier — et même plusieurs livres — pour bien traiter des différents aspects de la sexualité. C'est pourquoi ce chapitre n'en abordera que quelques-uns, parmi les plus susceptibles de se manifester au cours de la puberté et de l'adolescence. D'autres excellents livres vous permettront d'approfondir le sujet s'il vous intéresse.

Les amours

Plusieurs jeunes filles (et des garçons aussi) ont des amours au cours de leur puberté. Il peut s'agir d'une expérience très agréable. Le simple fait d'entrevoir la personne pour qui vous avez le béguin peut suffire pour ensoleiller votre journée et vous permettre de passer des heures délicieuses à imaginer une passion romantique. Les amours constituent une façon saine et sûre de faire l'expérience du désir sexuel.

Il arrive parfois que les jeunes aient le béguin pour quelqu'un d'inaccessible : une star de cinéma, une vedette rock ou un professeur. Il n'y a là rien de mal, mais cela peut entraîner beaucoup de souffrance. Je me souviens de quelques élèves qui avaient toutes le béguin pour un chanteur rock. Leurs chambres à coucher étaient couvertes de ses posters, elles portaient des macarons à son effigie, elles suivaient sa carrière dans les magazines et elles avaient beaucoup de plaisir à partager entre elles leurs sentiments à son égard. Quand le chanteur en question s'est marié, elles furent bien sûr déçues, mais l'une d'entre elles était plus que simplement déçue. Elle était atterrée. Elle avait tant investi dans son béguin que ce mariage était pour elle une catastrophe. Si vous aimez quelqu'un d'inaccessible, il est bon de vous rappeler à l'occasion qu'il s'agit d'une fantaisie et que l'objet de votre passion ne vous retournera sans doute jamais votre affection.

Tous les amours ne sont toutefois pas des fantaisies. Il se peut que vous ayez le béguin pour quelqu'un de votre entourage, que vous rencontrez à l'école ou ailleurs. Si cette personne s'intéresse à vous, cela **peut alors devenir emballant. Cependant, même s'il s'agit de quelqu'un de votre entourage, il peut être** très douloureux de voir ses avances rejetées. Si vos amours ou vos désirs sexuels vous causent des problèmes, parlez-en à une amie, à l'un de vos parents, à un professeur ou à tout autre conseiller.

Pour la plupart d'entre nous, les premiers béguins sont très emballants et — si l'on ne perd pas la tête — ils peuvent devenir des souvenirs inoubliables.

Les sorties

Au cours de l'adolescence et de la puberté, plusieurs jeunes filles commencent à sortir avec les garçons. De tels rendez-vous peuvent être très amusants, mais ils peuvent aussi causer plusieurs problèmes. Ainsi, vous voudrez peut-être sortir avec les garçons alors que vos parents vous jugent trop jeune pour cela. À l'inverse, vos parents vous pousseront peut-être à des rendez-vous alors que vous ne vous sentez pas prête. Vous aurez peut-être du mal à choisir entre un ami régulier et des sorties avec plusieurs. Si vous avez un ami régulier et que vous désirez en rencontrer d'autres, vous éprouverez peut-être de la difficulté à mettre un terme à votre relation. Si au contraire c'est lui qui veut y mettre fin, vous le prendrez peut-être bien mal. Enfin, si vous attendez qu'on vous propose des sorties qui ne viennent jamais, vous serez peut-être très triste.

Des décisions en rapport avec sa sexualité

Avec le début des sorties, vous devrez sans doute prendre des décisions en rapport avec votre sexualité. Dois-je accepter un baiser au premier rendez-vous ? Que penser des baisers prolongés, au cours desquels on met sa langue dans la bouche de l'autre ? Est-il correct de s'embrasser et de se caresser longuement ? Dois-je accepter de me faire caresser les seins ou de caresser les organes génitaux de l'autre ? Que penser des baisers donnés aux organes génitaux avec la langue et la bouche ? Qu'en est-il de l'acte sexuel ? Quand est-ce correct de faire tout cela et quand ne l'est-ce pas ?

Certaines adolescentes n'ont aucun mal à répondre à ces questions. Elles savent exactement jusqu'où elles veulent aller. Par exemple, certaines jugent qu'il ne faut pas aller plus loin que les caresses innocentes et que les relations sexuelles ne doivent avoir lieu qu'après le mariage. D'autres sont moins catégoriques. Elles pourront par exemple estimer que l'acte sexuel peut être accompli si on a l'âge voulu et si l'on est vraiment en amour. Mais qu'est-ce que « l'âge voulu » et comment savoir si l'on est « vraiment » en amour ?

Au bout du compte, vous seule pouvez répondre à ces questions et décider de l'orientation de votre sexualité. Vous pouvez toutefois demander conseil. Parlez-en d'abord à des personnes plus âgées, qui ont vécu des expériences sexuelles. Qu'en pensent-elles et pourquoi pensent-elles ainsi ? N'éliminez pas automatiquement vos parents comme conseillers. Les adolescents évitent souvent d'aborder ces sujets avec leurs parents parce qu'ils savent que ceux-ci sont conservateurs en cette matière. Même si c'est le cas, vos parents vous aiment. Que vous soyez d'accord ou non avec eux, ils peuvent vous donner des conseils fort utiles. Vous pouvez également en parler à d'autres : une tante, un oncle, une sœur, un frère, un conseiller ou une adolescente plus âgée.

Les jeunes subissent souvent de très fortes pressions qui les poussent à faire des expériences sexuelles. Si vous avez une relation avec quelqu'un, il se peut que cette personne exerce des pressions afin que vous alliez plus loin que vous en avez envie. Elle pourra vous demander une « preuve de votre amour » ou encore vous menacer de rompre. Ne faites pas l'amour pour les autres, mais quand vous serez prêtes... Vous !

Le contrôle des naissances

Si vous décidez d'avoir des relations sexuelles, il vous faudra faire appel à la contraception pour éviter de devenir enceinte. Certaines adolescentes croient qu'il est impossible de tomber enceinte à la première relation sexuelle. C'est *faux*. En fait, de très nombreuses femmes sont devenues enceintes dès leur première relation sexuelle. D'autres, qui ont eu quelques relations sexuelles sans tomber enceinte, font preuve d'un excès de confiance. Elles s'imaginent que cela va durer. C'est *une erreur*. Certaines jeunes filles se disent « Ça ne peut pas m'arriver », comme si la grossesse n'arrivait qu'aux autres. C'est encore une autre erreur. Toute femme qui a des relations sexuelles sans employer une méthode de contraception peut devenir enceinte et le devient un jour ou l'autre.

Puisque nous sommes dans le domaine des erreurs, continuons. C'est une erreur de croire qu'on peut éviter une grossesse en sautant après l'amour pour faire descendre le sperme du vagin. C'est une erreur de croire qu'il est impossible de devenir enceinte en ayant une relation sexuelle pendant les menstruations. C'est une erreur de croire qu'on peut empêcher la grossesse en se donnant une douche vaginale après l'amour. C'est également une erreur de croire qu'on ne deviendra pas enceinte si l'homme retire son pénis du vagin avant l'éjaculation. Lorsqu'il est en érection, le pénis laisse s'échapper quelques gouttes d'un liquide qui peut contenir des spermatozoïdes. Donc, même s'il retire son pénis avant d'éjaculer, l'homme peut laisser des spermatozoïdes dans le vagin. De plus, s'il éjacule près de l'orifice vaginal, les spermatozoïdes pourront réussir à s'y introduire.

Même si vous n'avez pas encore eu de relations sexuelles, il est bon de vous renseigner sur les méthodes contraceptives. Il en existe un grand nombre. Certaines sont permanentes, comme la ligature des trompes. Certaines méthodes ont des effets secondaires comme la pilule et sont plus dangereuses à utiliser que d'autres. Certaines méthodes comme le condom sont plus simples et plus pratiques que d'autres. Certaines méthodes exigent une prescription du médecin alors que d'autres n'en exigent pas. Il est important d'être bien renseigné afin de faire un choix avisé. Heureusement, vous trouverez dans les institutions du réseau de la santé des brochures très bien faites qui vous présenteront les avantages et les inconvénients de chaque méthode.

Les maladies transmises sexuellement

Si vous décidez d'avoir des relations sexuelles, vous devez absolument savoir que l'activité sexuelle entraîne des responsabilités et des risques. Se renseigner afin de réduire les risques est une de ces responsabilités.

Chaque année au Québec, on dénombre une infection par vingt personnes actives sexuellement. Les M.T.S. sont des maladies contagieuses. Un virus, une bactérie, un champignon ou un parasite peut en être la cause.

La *chlamydia*. Cette maladie est d'autant plus redoutable que plusieurs personnes atteintes ne présentent pas de symptômes et qu'elle peut conduire à l'infertilité chez la femme.

L'*herpès génital*. Cette maladie ne se guérit pas. La complication la plus importante de l'herpès c'est qu'une femme enceinte atteinte peut transmettre le virus à son enfant lors de l'accouchement.

Les *condylomes* **(sortes de petites verrues.)** Ce virus peut favoriser l'apparition du cancer du col de l'utérus. Et puis il y a les vaginites, la gonorrhée, les infections vaginales et bien d'autres encore. Mon intention n'est pas de vous faire peur mais de vous faire connaître les risques que l'on prend quand on fait l'amour.

Comment prévenir les M.T.S.

Le meilleur moyen, c'est de ne pas faire l'amour. Mais si vous n'êtes pas abstinente, il faut, quand vous faites l'amour :

1. Toujours utiliser un condom.
2. Être consciente que le risque augmente avec le nombre de partenaires.
3. Être consciente que dans le cas de plusieurs M.T.S., une personne peut être atteinte sans présenter de symptômes.

4. Être attentive à toute plaie, bouton, ulcère, éruption, rougeur des organes génitaux, tout écoulement anormal du vagin.
5. Se faire examiner par un médecin dès l'apparition de symptômes.
6. Se renseigner sur les M.T.S. en demandant de l'information au médecin ou au personnel de votre Centre local des Services communautaires (C.L.S.C.) ou du Département de Santé communautaire (D.S.C.) de votre région.

Le Sida

Qu'est-ce que le Sida? Le Sida ou Syndrome d'Immunodéficience Acquise, est un virus qui attaque et endommage sérieusement le système de défense du corps humain contre les infections et les cancers. Sans cette protection, les personnes atteintes du virus peuvent souffrir d'infections souvent fatales que la plupart des personnes en santé combattent facilement. Le virus se transmet surtout par contact sexuel lorsqu'il y a échange de sperme, de sécrétions vaginales ou de sang entre les partenaires. Le virus ne peut pas s'attraper lors de contacts habituels quotidiens, comme se serrer la main, s'embrasser. Il ne peut pas s'attraper en toussant, en pleurant, en éternuant ou en nageant dans des piscines publiques pas plus que sur les sièges de toilettes, à travers le linge, par les ustensiles, la nourriture, les moustiques ou les animaux. Là encore, comme dans toute M.T.S. il faut contact sexuel et l'abstinence est la meilleure forme de prévention. Je sais que parler du Sida risque de vous faire peur mais on ne peut passer sous silence cette maladie qui menace toute adolescente active sexuellement. Vaut mieux savoir pour prévenir et n'oubliez pas... il y a l'abstinence bien sûr... ou le condom.

Les sentiments homosexuels

Le mot «homosexuel» désigne les désirs et les contacts sexuels qui se produisent entre deux personnes du même sexe. Le fait d'avoir un béguin pour une autre fille ou pour une femme (pour un homme dans le cas d'un garçon) peut devenir très inquiétant, car notre société n'accepte l'expression de la sexualité qu'entre personnes de sexes différents. Les gens se moquent souvent des homosexuels et les désignent par des termes déshonorants comme «tapette», «pédale», «moumoune», «fifi», «butch», «femme aux femmes», etc. En conséquence, nous sommes pour la plupart terrifiés par la peur d'être homosexuel(le).

Les psychologues qui étudient la sexualité ont toutefois découvert que la grande majorité d'entre nous avaient des sentiments, des fantaisies, des rêves ou des contacts homosexuels à un moment ou à un autre. Cela ne fait pas de quelqu'un un(e) homosexuel(le). Si vous avez des désirs ou des relations homosexuels, il est possible que cela vous inquiète. Il est donc utile pour vous de connaître les faits.

En Amérique, environ dix pourcent de la population est homosexuelle, c'est-à-dire surtout attirée par des personnes du même sexe. Les femmes homosexuelles sont couramment appelées *lesbiennes* et l'on utilise habituellement le mot *gais* pour désigner les homosexuels des deux sexes.

210

Certains gais sont exclusivement homosexuels. Durant toute leur vie, tous leurs désirs, fantaisies et contacts sexuels impliquent des personnes de leur sexe. Certains ne sont toutefois pas exclusivement homosexuels. Il leur arrive d'avoir des relations sexuelles avec des personnes de l'autre sexe, ce sont des bisexuels.

Les hétérosexuels (qui sont attirés par les personnes de l'autre sexe) peuvent aussi à l'occasion éprouver des sentiments homosexuels. Les jeunes croient souvent que s'ils ont des fantaisies homosexuelles ou que s'ils vivent une relation homosexuelle, cela fait d'eux des homosexuels. Ce n'est pas toujours le cas.

Si vous éprouvez parfois des désirs homosexuels et même si vous avez des contacts sexuels avec une personne du même sexe, il est bon de savoir que c'est naturel et normal. Même si vous êtes sûre d'être une homosexuelle, vous devez savoir que cela aussi est naturel et que vous n'êtes pas la seule.

Le viol

Le viol est un autre sujet d'ordre sexuel qu'il faut connaître. Le viol consiste à contraindre quelqu'un à des contacts sexuels contre sa volonté. N'importe qui peut être violé et à n'importe quel âge. Si cela vous arrive, il est important que vous sachiez ce qu'il faut faire.

La chose la plus importante est d'obtenir de l'aide au plus tôt. Certaines jeunes filles (des femmes également) sont si troublées qu'elles ne pensent qu'à rentrer à la maison et à tout oublier. Vous avez besoin d'un examen médical *immédiat*. Même si vous ne constatez aucune blessure apparente, des blessures internes peuvent avoir été causées. Vous devrez également subir un test afin de déterminer si vous êtes devenue enceinte à la suite du viol. (Si c'est le cas, le médecin pourra vous prescrire des pilules pour empêcher la grossesse. Ces pilules, qui doivent être prises peu après le viol pour être très efficaces, présentent toutefois certains risques. En cas de viol, vous voudrez peut-être prendre le risque quand même.) Vous devrez également subir des tests permettant de déterminer si vous avez contracté une MTS à la suite du viol. (Pour que tous ces tests soient valides, il est important de ne pas prendre un bain ou une douche avant d'aller consulter le médecin.) Vous aurez également besoin d'aide psychologique afin de pouvoir récupérer émotivement d'une expérience aussi traumatisante.

Selon les circonstances du viol, il existe plusieurs façons d'obtenir de l'aide. Vous pouvez vous rendre à l'urgence d'un hôpital ou téléphoner à la police, qui vous y conduira.

Le viol est un crime très répandu. Il est donc important que vous sachiez comment réagir si une telle expérience vous arrivait, à vous ou à quelqu'un que vous connaissez.

L'inceste

Le viol est un sujet grave et terrifiant. L'inceste l'est peut-être encore plus. L'inceste désigne les contacts sexuels entre deux membres d'une même famille, qu'il s'agisse de baisers, de caresses ou de relations sexuelles proprement dites. Cela se produit fréquemment entre frère et sœur au cours de l'adolescence. L'inceste entre frère et sœur n'est pas toujours dommageable. En fait, plusieurs frères et sœurs s'adonnent à des jeux sexuels dès l'enfance. Ce qui peut être très dommageable, c'est d'être contrainte à des contacts sexuels par un membre de la famille qui est plus âgé.

Les victimes d'inceste peuvent être de jeunes enfants ou des adolescents. Il s'agit le plus souvent de jeunes filles qui sont l'objet du désir d'un père, d'un beau-père, d'un oncle, etc. Il arrive également que de jeunes garçons soient les victimes d'un homme adulte incestueux. Il est toutefois rare qu'une femme plus âgée commette l'inceste avec un garçon.

Contrairement au viol, l'inceste ne fait pas nécessairement appel à la contrainte physique. L'autorité dont jouit l'adulte lui permet souvent d'exercer des pressions qui rendent la contrainte physique inutile.

Plusieurs victimes d'inceste se sentent coupables parce qu'elles en appréciaient certains aspects. L'inceste commence souvent en bas âge et ce n'est qu'en vieillissant que la jeune fille prend conscience de l'étrangeté de ces activités sexuelles.

La plupart des victimes d'inceste ressentent un mélange de culpabilité, de honte, d'humiliation et de colère. Si vous êtes victime d'inceste, il n'y a qu'une chose à faire : *le dire à quelqu'un.* Cela peut souvent être difficile. Tout d'abord, vous risquez qu'on ne vous croie pas. Par exemple, plusieurs mères refusent au début de croire ce que leur dit leur fille. Si votre mère ne vous croit pas, dites-le à quelqu'un d'autre : une tante, une grand-mère, une sœur ou un frère aîné, un professeur ou tout adulte susceptible de vous croire.

Ce qui rend les choses encore plus difficiles, c'est que l'inceste est un crime. Cependant, la plupart des adultes incestueux ne se retrouvent pas en prison. Habituellement, le juge recommande pour eux un traitement psychiatrique. Les personnes qui commettent l'inceste sont malades, mais elles peuvent être guéries. Ces personnes ont besoin d'aide, tout comme leur victime et les autres membres de la famille.

En guise de conclusion

Vous devenez une adulte et ce n'est pas toujours facile. Dans ce chapitre, nous avons abordé des sujets très graves, comme le viol, l'inceste, les MTS et le contrôle des naissances. Ce sont des sujets que vous devez connaître, mais vous devez aussi savoir que le fait de devenir adulte présente des côtés beaucoup plus positifs. Nous devenons des êtres sexuels au cours de la puberté, cette transition entre l'enfance et l'âge adulte. La sexualité constitue une facette très importante de notre existence et la puberté, malgré tous ses problèmes, est une période passionnante de la vie. C'est l'époque des premières : première menstruation, premier rendez-vous galant, premier baiser, premier amour, premier emploi, premier permis de conduire. C'est à la puberté que nous commençons à devenir vraiment autonomes. Nous souhaitons sincèrement que ce livre vous aura permis de mieux comprendre votre puberté et de l'apprécier à un plus haut degré.

Index

216

INTERGLOBE